KB076288

교사는 무엇으로 사는가?

교사가 교사에게

교사는 무엇으로 사는가?

교사가
교사에게

2015년 6월 26일 처음 펴냄
2019년 4월 19일 6쇄 펴냄

지은이 이성우
펴낸이 신명철
펴낸곳 (주)우리교육
등록 제313-2001-52호
주소 03993 서울특별시 마포구 월드컵북로 6길 46
전화 02-3142-6770
팩스 02-3142-6772
홈페이지 www.uriedu.co.kr

이 도서의 국립중앙도서관 출판시도서목록(CIP)는
e-CIP홈페이지(http://www.nl.go.kr/ecip)에서 이용하실 수 있습니다.
(CIP 제어번호:CIP2015016946)

교사는 무엇으로 사는가?

교사가 교사에게

이성우 지음

우리교육

젊은 교사에게 보내는 편지

서슬 시퍼런 전두환 군사독재 시절에 교대를 다녔던 탓에 데모 한 번 못하고 학교를 졸업했습니다. 아니, 데모를 못 했다기보다 할 줄 몰랐다고 하는 게 더 맞을 것 같습니다. 주위에 술잔을 권할 뿐 사회과학책 한 권 권하는 선배가 없었으니 사회적 모순에 대한 최소한의 지적인 관점조차 가질 수 없었기 때문입니다. 또한, 가르치는 분이 시원찮아서인지 받아들이는 제게 문제가 있었던 건지 강의 시간은 지겹기만 했고 도무지 공부에 흥미를 붙이지 못했습니다. 한마디로 저의 4년 대학 생활은 당구장과 다방 그리고 대폿집을 전전했던 기억밖에 없습니다.

그러다가 1988년 현장에 발령받아 전교조의 전신인 교협 활동에 참가하면서 책을 읽기 시작했습니다. 드디어 내 삶에서 사회과학책을 권하는 선배를 만나게 된 것입니다. 그로부터 삶이 달라지기 시작했습니다. 그때 제가 전교조 선배들로부터 배운 것은 교사인 사람은 책을 가까이해야 한다는 것입니다. 늦게 배운 도둑이 날 새는 줄 모른다고 사회과학이든 문학이든 닥치는 대로 읽어 갔습니다. 역설적이게도, 학창 시절에는 책과 담쌓고 지내던 사람이 학교 문을 나선 뒤로 책에 흠뻑 빠져들게 된 것입니다.

그 시절 인상 깊게 읽었던 한 권의 책이 시인 릴케의 책입니다. 어느 젊은 시인 지망생이 릴케에게 자신의 습작 시를 동봉한 편지를 보내면서 "내가 시를 써도 좋겠나?"고 물었습니다. 이에 릴케는 젊은이에게 다음과 같은 유명한 답변을 남깁니다.

당신의 눈은 밖을 향하고 있습니다. 그것은 지금 당신에게 가장 해가 되는 일입니다. …… 자기 자신의 내면으로 파고들어 당신으로 하여금 시를 쓰게 하는 원인을 발견해 내세요. 그리고 그것이 자기 내면의 가장 절실한 요구로부터 우러나오고 있는가를 확인해 보십시오. 시를 쓰지 못한다면 차라리 죽을 수밖에 없는 정도에 이르렀는지를 스스로 질문해 보세요.

라이너 마리아 릴케의 《젊은 시인에게 보내는 편지》에 나오는 이 구절은 지금껏 살아오면서 어떤 갈등에 봉착할 때마다 제 마음을 다잡아 준 삶의 등불과 같은 금언이라 하겠습니다. 젊은 시절 제 영혼에 울림을 준 이 말이 이 책을 읽는 후배 선생님들에게도 감동으로 다가갈 것이라 생각하며 이 글의 제목을 '젊은 교사에게 보내는 편지'라 붙여 봤습니다.

삶은 주로 선택의 문제라 생각합니다. 그리고 선택은 필연적으로 갈등을 동반하기 마련입니다. 이 땅에서 교사인 사람이면 누구나 겪게 되는 선택과 갈등은 '승진'이라는 문제입니다. 이 땅에 교사는 승진을 이룬 사람과 승진을 포기한 사람이 있을 뿐 이 두 존재 양식을 벗어난 경우는 드물 것입니다. 단언컨대, 교사치고 승진을 한 번쯤 생각해 보지 않은 사람은 없다 하겠습니다. 이렇듯 승진을 꿈꾸는 이는 많은데 승진 자리는 적기 때문에 승진의 길은 이런저런 추함과 부조리를 파생시킵니다. 학교교육에 약간의 고민이라도 품고 살아가는 교사라면, 학교에서 일어나는 대부분의 문제가 바로 이 승진제도에서 기인한다는 문제의식을 품을 겁니다.

아이들을 벗어나기 위해 승진에 성공한 사람은 웃음 짓고 승진에 실패해서 우울한 사람은 교실을 지키는 곳에서, 전자가 후자를 통솔하는 시스템 속에서, 교육의 밝은 미래는 생각할 수 없습니다. 때문에 이 땅의 교육이 바로 서기 위해 하루 속히 이 불합리한 시스템은 혁파되어야만 하지만, 그와 무관하게 우리 교사들은 승진 집착과 승진 포기라는 1차원적인 존재 양식을 뛰어넘어 바람직한 교직 삶을 위한 나름의 교사상을 정립해 가야 합니다. 볼품없는 이 책은 선생님들의 그러한 고민에 약간이라도 도움 되기를 바라는 마음에서 쓰는 것입니다. '교사가 교사에게'라 쓴 이 책 이름을 '평교사가 평교사에게'로 읽어도 좋겠습니다.

갈등의 기로에 설 때 릴케가 주는 가르침은 답은 언제나 자기 자신에게서 찾아야 한다는 겁니다. 삶은 결국 나의 삶이기 때문이죠. 릴케는 말합니다. 자기 자신의 의지에서 비롯된 무엇, 자기 내면 깊숙한 곳에서 우러나온 무엇은 신뢰해도 좋다고 말이죠. 이 내적 필연성에서 말미암지 않은 무엇은 반드시 허구와 위선으로 잠식될 것입니다. 교사의 필연성은 가르침에 있습니다. 나이 들어서 교단에 서는 것이 부끄러운지는 모르겠지만, 젊을 때부터 교단을 탈출해서 관리직으로 진출하려는 자세가 훨씬 부끄러울 일입니다. 우리 영혼 깊숙한 곳에 침잠해서 스스로에게 물어보면 이 같은 대답이 들려올 겁니다.

물론, 내적 필연성이란 말로 자위하기에는 교사에게 승진은 너무나 엄중한 현실입니다. 특히 나이가 들어 갈 때 이 엄중한 실존적 이슈는 더욱 구체적인 모습으로 우리 삶에 성큼 다가옵니다. 누구나 자신의 동기 혹은 후배가 교감이 되어 같은 학교에 근무할 때 어떤 불편한 정서에 사로잡히고는 합니다. 따라서 중년의 교사가 이 불편한 심정을 못 견뎌 전문직 시험을 쳐서 승진의 길을 가려는 입장을 가지는 것은 인간적으로 충분히 이해할 수 있습니다. 나쁜 것은 승진제도이지 승진을 욕망하는 사람이 아닙니다. 구체적으로, 우리가 경계하고 지탄의 대상으로 삼을 것은 젊은 시절부터 교육자적 양심과 책무를 방기하고 승진의 사다리를 오르기 위한 스펙 쌓기에 여념이 없는 자세입니다.

나이 들어 교단에 서는 것이 두렵지 않으려면 젊을 때 역량을 키워야 합니다. 승진을 위한 스펙은 교육 발전은 물론 자기 발전에도 도움이 안 되는 신기루 같은 것입니다. 반면, 부단한 자기 연찬을 통해 쌓은 내공은 그대로 양질의 교육 실천으로 연결됩니다. 승진의 사다리 타기는 스트레스와 영혼 붕괴의 연속이지만, 자발적인 동기에 터해 지적·정서적으로 성장하는 삶은 우리 영혼을 고양시킵니다. 내적으로 빛나는 삶은 외적으로도 빛을 발해 그가 만나는 아이들의 삶을 살찌웁니다.

며칠 전에 인근 몇 개 학교끼리 모여 지역 교육 협의회를 가졌습니다. 말이 협의회지 교육에 대한 협의는 한마디도 없고 배구로 시작해서 배구로 끝납니다. 나는 배구판을 통해 이 나라 초등교육의 과거와 현재 그리고 미래를 봅니다. 예나 지금이나 초등 현장에서 관리자가 애정을 품는 교사상은 공문이나 잡무를 제때 척척 처리해 내는 교사와 배구 잘하는 교사입니다. 이 둘은 학생 교육에 아무 도움이 안 된다는 공통점이 있죠. 그러나 젊은 교사의 입장에서는 지 멀리 있는 교육의 이상보다 눈앞의 현실에서 덩면한 인징의 욕구가 훨씬 절실한 법입니다. 서툰 배구 실력으로 코트에서 당황해하는 신규 교사를 볼 때, 그리고 다음 해에 한층 성장한 배구 실력에 의기양양해진 그의 모습을 보면서, 무르익어 가는 배구판의 분위기와 반대로 추락해 가는 우리 교육의 미래를 봅니다. 젊을 때 배구 역량에 신경 쓰다가 교육 역량이 빈곤한 자신을 발견하고서는 모종의 위기의식을 느낀 교사가 승부처로 삼는 것이 '승진'입니다. 배구나 테니스 실력은 승진을 위한 외교적 활동에도 도움이 되니 이 둘은 양립해 갑니다. 그러나 배구 역량과 교육 역량은 절대 양립하지 않습니다!

승진과 더불어 이 책에서 가장 많이 등장하는 키워드가 '관계'입니다. 전자가 "학교는 무엇이며 교사는 뭐 하는 사람인가" 하는 존재론의 문제라면, 후자는 "학교와 학생 그리고 교육을 어떻게 이해하고 가르칠 것인가" 하는 인식론에 맞닿아 있습니다. 3부에서 다루는 교사-학생, 나-너, 진보-보수, 이론-실천, 가르침-배움, 놀이-공부…… 이 모든 관계들은 각각 별개의 것으로 서로 대립적인 속성으로 보이지만, 실은 밀접한 상호 연관 속에서 서로가 서로의 발전을 견인해 가는 통합적 관계에 있습니다. 사물을 관계의 맥락에서 바라보는 통합적 관점은 이 책 전반에서 저자 특유의 접근 방식을 구성하고 있음을 일러 드리고자 합니다. 이런 점을 유념하시면 이 책을 더욱 흥미 있게 읽을 수 있으리라 생각합니다.

관계의 맥락에서 접근하면 긍정적인 측면과 부정적인 측면이 상호 전화하는 역설의 묘를 포착할 수 있습니다. 이 글 서두에서 말한 저의 학창 시절 모습이나 저를 성장시킨 전교조도 그렇습니다. 학창 시절 실컷 놀았기 때문에 저는 학교를 졸업하고 지금까지 공부를 재미있게 해 오고 있습니다. 머리가 텅 비어 있었기에 채우기가 쉬웠습니다. 만약 별 흥미 없이 억지로 무엇을 많이 채워 넣었더라면 그걸 비우는 데 많은 시간이 걸렸을 겁니다. 또한 비합법 시절 교사 대중과 학부모들로부터 지지를 받던 전교조가 합법화 이후부터 신뢰를 잃어 간 점도 잊지 말아야 합니다. 예전엔 숨어서 열심히 책 읽던 교사들이 합법 전교조 체제에선 도무지 책 읽는 모습을 볼 수 없었습니다. 전교조의 위기는 역설적으로 합법화라는 기회와 함께 시작되었던 것입니다. 기회와 위기 사이의 역설의 변증에 대한 각성이 있었더라면 전교조는 지금보다 훨씬 나은 모습일 겁니다.

제 삶을 봐도 그렇고, 저는 배움에는 때가 있다는 말을 믿지 않습니다. 오히려 늦다고 생각할 때가 가장 이르다는 말을 신뢰하는 편입니다. 늦깎이 배움은 자발성에 기초하기 때문에, 학습에 흥미를 갖고 진지하게 뛰어드는 점이 자랑입니다. 그리고 오랜 세월로 숙성된 삶의 경험과 배움을 연결 지어 심층적이고 실물적인 학습이 가능합니다. 교사인 사람은 이 만학晩學의 즐거움을 누릴 수 있습니다. 외람되지만, 이 책이 여러분에게 지적 탐구를 위한 작은 자극으로 다가가기를 소망해 봅니다.

책 내용 가운데 혹 훈계조의 설교를 늘어놓은 대목은 없는지 두렵습니다. 제가 고견이라고 내놓는 것들을 제가 다 실천하고 있는 것도 아니며 저 역시도 귀담아듣고 반성해야 할 것입니다. 미사여구로 포장한 저의 주문이 선생님들에게 어떤 폭력으로 다가가지 않기를 바라며, 저 역시 선생님들과 함께 배우는 마음으로 이 책을 펼쳐 읽겠습니다.

그간의 교직살이, 좋은 선생으로 살아왔다고 생각하지 않습니다. 다만, 바람직한 교육에 대해 늘 고민해 왔으며 최소한 스스로에게 정직한 삶을 살아왔다고 생각합니다. 제 스물일곱 교직 삶의 결정으로 이 책을 수줍은 마음으로 세상에 냅니다. 그리고 충실한 선생인지는 모르지만 충실한 가장은 아니었습니다. 사랑하는 아내와 딸들에게 미안함과 고마움을 표합니다.

2015년 6월
이성우

차례

프롤로그 | 젊은 교사에게 보내는 편지 4

___
1부

**교사는 무엇으로
사는가?**

한국 교사의 사회적 위상 14

초등 교사의 존재론 20

교육의 리얼리티 27

좋은 교사가 되기 위해 하지 말아야 할 것들 32

교사는 무엇으로 사는가? 42

교직살이 단상 | 의젓함의 상대성 51

___
2부

아이들 덜 미워하기

생활지도, 이 중대한 오역을 바로잡아야 54

좋은 수업을 위해 교사가 힘쓸 것 59

실패의 교육론 64

학생 평가에 관한 고민 71

아이들 덜 미워하기 1 80

아이들 덜 미워하기 2 85

전략적 교사상, 페르소나 88

애타는 인내심 94

교직살이 단상 | 지랄 총량의 법칙 102

3부

교육은 관계다

통합적 관점 갖기 104

진보와 보수: 전교조의 명암 114

이론과 실천 126

비움과 채움 133

가르침과 배움 137

교육은 관계다 140

대화적 관계 149

나와 너 153

디오니소스적 가치 161

놀이와 학습 165

교직살이 단상 ㅣ 지양 171

4부

삶과 교육

삶과 교육 174

사랑은 주는 것이다! 180

보결 수업으로부터의 사색 183

교육의 쓸모 188

교육 불가능 시대에 희망 품기 194

아웃사이더에게 무대를 203

방문객 209

케 세라 세라 220

교직살이 단상 ㅣ 어떤 이별 226

에필로그 ㅣ 학생들에게 기억되지 않는 교사 228

1부

교사는 무엇으로 사는가?

한국 교사의 사회적 위상

초등 교사의 존재론

교육의 리얼리티

좋은 교사가 되기 위해 하지 말아야 할 것들

교사는 무엇으로 살아가는가

한국 교사의 사회적 위상

해외에 나가면 모두 애국자가 된다는 말이 있죠. 외국 여행을 해 보면 정말로 이 말을 실감하게 됩니다. 호텔 방 벽에 걸린 텔레비전 메이커가 삼성 또는 LG인 것을 확인할 때나 거리를 질주하는 승용차 가운데에서 현대나 기아 차를 볼 때 가슴이 벅차오르죠. 그렇다면, 세계 속에서 우리나라 교육의 위상은 어떠할까요?

전 세계 주요 국가들의 교육 현황을 연구하는 기관으로 국제교육평가원Center on International Education Benchmarking, CIEB이 있습니다. CIEB에서는 우리나라를 비롯한 21개 교육 선진국의 교육 시스템을 비교 분석하는 정보를 제공하고 있는데, 여기에서 한국은 단연 최상층에 속해 있습니다. CIEB의 자료를 통해 다른 나라 사람들이 우리 교육을 바라보는 시선을 확인할 수 있습니다. 또한 그 시선으로부터 다른 나라의 교육 형편을 짐작할 수 있으며, 나아가 이 둘을 종합해서 우리 교육의 객관적 위상을 짚어 볼 수 있을 것입니다. CIEB가 한국 교육을 소개하는 포스팅 가운데 '교사 특성teacher quality' 영역의 전문을 우리말로 옮겨 봅니다.

교직은 한국 사회에서 매우 존경받는 직업으로 한국의 젊은이들이 가장 선호하는 직종에 속한다. 이것은 높은 급여와 안정된 직장, 좋은 근로 조건과 관계 있다. 그러나 많은 사람들에게 교직의 문이 널리 열려 있는 것은 아니다. 교단에 서는 조건이 매우 까다로워서, 심지어 기간제 교사에게도 교사 자격증을 요구한다. 하지만 최근 초등 교사는 부족하고 중등 교사는 넘쳐 나고 있다. 이는 초등 교사가 전국 13개 교육대학에서 배출되는 데 반해, 중등 교사를 위한 사범대학은 훨씬 많으며 종합대학을 통해서도 교사 자격을 얻을 수 있기 때문이다. 한국에서 교사의 임금은 꽤 높다. 중간 경력에 해당하는 중학교 교사가 받는 연봉은 52,699달러로 OECD 평균인 41,701달러보다 훨씬 높다.

인용문의 첫 문장에서 '매우 존경받는'이라는 표현이나 그다음 문장에서 '높은 급여'니 하는 말들이 낯설게 느껴질 겁니다. 이 부분에

CIEB 홈페이지에서 'About Us'를 보면 스스로를 다음과 같이 소개하고 있습니다.(http://www.ncee.org/programs-affiliates/center-on-international-education-benchmarking/about-us/)
CIEB는 세계에서 가장 성공적인 교육 시스템에 관해 연구하는 기관이다. 본원에서는 인터넷을 통해 세계 유수의 교육 선진국의 교육 시스템에 관한 정보와 분석 그리고 의견을 제공하고 있다. 아울러 본원에서는 교육 선진국들의 정책에 관한 지속적인 관심을 갖고 있는 사람들을 위해 월간 소식지를 발행하고 있다.
CIEB의 핵심은 국가별 교육과 경제에 관한 연구 프로그램(a Program of the National Center on Education and the Economy, NCEE)인데, 이 프로그램은 교육 선진국의 위치를 점해 온 국가들의 성공 비결을 밝혀내기 위해 그 나라의 교육 시스템에 관한 연구를 20여 년간 수행해 오고 있다. 이 기간 동안 NCEE가 평가 대상으로 삼은 국가들은 다음과 같다. 호주, 벨기에, 캐나다, 중국, 체코공화국, 덴마크, 핀란드, 프랑스, 독일, 홍콩, 헝가리, 아일랜드, 인도, 일본, 네덜란드, 뉴질랜드, 폴란드, 싱가포르, 한국, 스웨덴, 영국.

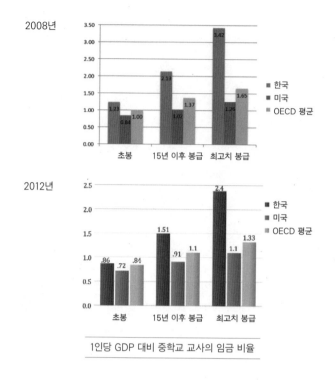

2008년

2012년

1인당 GDP 대비 중학교 교사의 임금 비율

대한 해명이 이루어지면 이 글 전체에서 제가 말하고자 하는 요지가 무난히 이해될 것으로 봅니다.

　외국인들은 우리가 생각하는 이상으로 한국의 교육 시스템이나 교사들을 부러워합니다. 이러한 사실은 우리 선생님들이 근무하는 학교 원어민 강사를 통해 쉽게 확인할 수 있을 겁니다. 세계 최고의 경제 대국이라는 미국 사회에서 교사의 사회적 지위는 한국과 견줄 때 현격한 차이를 보입니다. 이것은 CIEB에서 제시하는 정보에서도 그대로 확인되고 있습니다. CIEB에서 대상으로 삼는 교육 선진국 범주에 미국은 아예 빠져 있으며, 위 그래프에서 보듯이 교사 임금 수준이 OECD 국가의 평균에도 못 미칩니다. 요즘 우리 학교에서 교권이 추락하고 학교가 붕괴하고 있지만 사실 우리가 겪고 있는 이 같은 학교 열병은 외국에선 이미 만성이 되어 있는 것입니다. 그렇기에 한국 학교가 외국 학교보다 더 힘든 것은 아니라고 봐야 합니다.

자본주의사회에서 한 개인의 사회적 지위는 곧 경제적 지위를 뜻합니다. 예전에 교대나 사대를 희망하던 학생이 적었는데 지금 교사가 젊은이들 사이에서 인기 직종이 된 것도 경제적 지위의 향상을 반영합니다. 한국 교사의 사회적 위상은 무엇보다 한국 교사들이 받는 임금을 외국 교사들과 비교함으로써 분명해질 겁니다.

앞의 그래프는 1인당 GDP 대비 한국 교사의 임금 수준을 미국 교사의 임금과 OECD 평균임금을 비교해서 나타낸 것입니다. 원문에서는 '중학교 교사'라 적혀 있는데, 우리나라에서는 초·중·고 교사 사이에 임금 차이가 없는 점에 대한 무지의 소치로 이해됩니다. 2008년도에 비해 2012년에 한국 교사의 소득 수치가 떨어진 것은 환율 차이 때문입니다. 통계 산출 기준 시기인 2007년도는 원화가 초강세여서 환율은 900원 정도였습니다. 앞의 인용문에서 중간 경력의 교사 연봉이 52,699달러라 한 것도 이 시기에 산출한 액수를 지금도 수정 없이 그대로 게재한 것입니다.

위의 그래프에서 특징적인 것은 우리와 달리 외국 교사들은 초임 연봉과 최고치 연봉 사이에 별 차이가 없는 점입니다. 이로부터, 외국 교사들의 경우 그만큼 이직률이 높을 것이라 추측할 수 있겠습니다. 또한, 2012년의 통계에서도 1인당 GDP에 대비한 우리 교사들의 연봉 최고치는 2.4배에 달하는 데 비해 미국 교사들은 1.1배, OECD 평균도 1.33배밖에 되지 않는 것이 주목을 끕니다.

물론 한국 사회에서 대기업 연봉 수준에 비해 교사의 임금은 그리 높은 편이 아닙니다. 제 동기 가운데 대기업에 다니는 친구의 월급은 두 배 가까이 되더군요. 이들 직장은 안정적이지 못하고 또 노동강도 면에서 우리와 비교가 안 될 정도로 힘들지만 교사에 비해 임금 수준이 훨씬 높은 것은 사실입니다. 그러나 이 글과 관련해 중요한 사실은, 우리 교사들의 임금 수준이 외국에 비해 상당히 높다는 것입니다. 이것은 다시 말해 우리보다 훨씬 부유한 선진국에서 교직의 사회적 위상은 그리 높지 않고 또 국가 차원에서 교육에 신경을 그리 쏟지 않는다는 것을 말해 줍니다. 인용문에서 보듯, "기간제 교사에게도 교사 자격증을 요구"하는 한국의 교육 시스템을 그들은 놀라워합니다. '한국에서는 교직의 문이 널리 열려 있지 않다'는 말로 미루어, 그들 사회에서는 누구나 쉽게 교사를 할 수 있다는 뜻이고 그건 그만큼 교직의 사회적 위상이 낮음을 말해 주는 것이죠.

서구인들의 머릿속에 군사부일체니 하는 개념은 아예 존재하지도 않습니다. 서구 역사 속에서 교직은 노예에서 그 기원을 찾을 수 있습니다. 교육자를 뜻하는 영어 단어 'pedagogue'에서 'peda-'는 어린아이를 뜻하는데, 고대 유럽 사회에서 노예 가운데 똑똑한 사람에게 귀족 자제의 교육을 맡긴 데서 유래합니다. 이솝이 그 대표적인 사례라 하겠습니다. 이솝이 귀족 아이들을 가르치기 위해 아동의 흥미를 끌기 위한 유익한 교육 도구로 제작한 것이 이솝 우화입니다.

반면 "스승의 그림자도 밟지 않는다"는 말에서 보듯, 우리의 교사는 오랜 전통 속에서 사회적 존경의 대상이자 권위의 화신이었습니다. 몇 년 전에 같이 근무했던 미국 출신의 원어민 강사가 "한국은 서구와 달리 유교 문화국이기 때문에 교사들에 대한 사회적 대우가 굉장히 좋다"는 말을 하는 것을 보고 저도 깜짝 놀란 적이 있습니다.

'유교 문화' 하면 우리는 부정적 의미로서 이를테면 가부장적인 낡은 풍속을 떠올리는데, 서구인들은 이를 굉장히 긍정적인 의미로 쓰는 점이 신선한 충격이었습니다. 뿐만 아니라, 유교 문화의 유산으로 한국인들의 높은 교육열과 교사를 존중하는 문화를 연결 짓는 외국인의 시각을 통해 우리가 평소 소중히 품지 못한 것을 다시 생각하게 되었습니다. 물론 교육열이 너무 지나쳐 아이들을 병들게 하고 학교가 황폐화되어 가는 부정적 현실이 심각한 수준이지만, 교육을 중요시하고 교사를 존중하는 국민 정서 자체는 서구인들에게 자랑할 만한 한국적 가치라 하겠습니다.

전 세계에서 한국만큼 교사가 스승으로서 만인의 존경을 받는 사회는 극히 드뭅니다. 외국인은 다들 이렇게 생각하는데 정작 우리들 자신만 이 사실을 모르고 살아왔습니다. 교사임에 자부심을 가집시다. 한때 우리가 그렇게도 부러워했던 세계 최고의 국가에서도 한국의 교사들을 저렇게 부러워하고 있으니 말입니다.

초등 교사의 존재론

  같은 교사라도 초등 교사와 중등 교사 사이에는 정체성에서 적잖은 차이가 있을 겁니다. 교대 혹은 사대를 졸업한 뒤 초등 교사와 중등 교사는 서로 다른 교직 사회화 과정을 밟게 됩니다. 무엇이 초등 교직과 중등 교직의 차이를 낳게 하는 것일까요? 저는 이 차이가 초등학생과 중등학생의 차이에서 비롯되는 것으로 봅니다. 교사는 결국 학생의 교사입니다. 초등 교사는 초등학생의 교사이기 때문에 초등 교직의 특수성은 어린이 발달단계에 따른 특수성에 말미암습니다. 일상적으로 초등 교직을 거론할 때 부각되는 부적절한 관점 또한 어린 학생의 미성숙성에 초점을 맞추고 있습니다. 즉, 코흘리개 아이들을 가르치는 교사가 뭐 그리 대단할 수 있겠냐는 거죠. 이 글은 이러한 사고가 왜곡된 무지의 소치임을 밝히면서 초등 교사들이 자기 존재론에 자부심을 갖기 바라는 마음으로 씁니다.
  초등 교직의 특성을 논할 때 흔히 회자되는 말이 초등 교사는 전문성이 없다는 것입니다. 중등 교사와 달리 초등 교사는 전 교과목을 가르치기 때문에 이런 말이 나오는 것 같습니다. 그러나 전 교과를

다 다뤄야 하는 입장을 전문성 일탈과 결부 짓는 것이야말로 전문적인 관점이 못 됩니다. 오히려 아동의 전인적 성장을 위한 기초 교육을 지향하는 초등교육의 목적에 비추어 볼 때 다양한 학문 분야에 대한 폭넓은 지적 소양은 초등 교사의 전문성을 구성하는 필요충분조건이라 하겠습니다.

교육은 본질적으로 전인교육이어야 합니다. 학생을 전인격적으로 성장시키기 위해서는 먼저 교사 자신이 전인격적 소양을 갖추고 있어야 함은 당연합니다. 물론 초등 교사가 모든 교과에 깊이 있는 식견을 가질 필요는 없습니다. 그것은 아무리 박학다식한 사람이라 하더라도 불가능한 일입니다. 초등 교사가 전 교과목에 갖는 교양의 깊이는 한계가 있을 수밖에 없으며 또 그 한계가 곧 초등 교직의 전문성을 비껴가는 것도 아닙니다. 초등 교육의 본질은 기초 교육이고 공통 교육이기 때문입니다.

나아가 저는 학문 일반의 본질이 그러하다고 봅니다. 우리가 학문을 탐구하는 행위를 빗대어 '파다'라는 은유법을 씁니다. 그런데 삽으로든 포클레인으로든 땅을 깊게 파기 위해서는 우선 넓게 파야 합니다. 넓게 파지 않고 깊게 파는 것은 불가능합니다. 스티브 잡스 이후에 교육계에서 융합 과학STEAM이니 융합 인재니 하는 개념이 급속히 전파되고 있습니다만, 한 부분에만 정통한 지식은 절름발이 지식이며 그 자체로 '정통함' 또는 '전문성'과 거리가 멀어집니다.

철학자 칸트는 "개념 없는 직관은 맹목이고 직관 없는 개념은 공허하다"고 했습니다. 이성과 감성, 개념과 직관, 이론과 실천, 이 상호 대립적인 범주들은 서로 불가분의 관계에 있습니다. 우리는 아는 만큼 느낄 수 있고 느끼는 만큼 깨달을 수 있는 것입니다.

세상에서 가장 먼 여행이 머리에서 가슴으로의 여행이라 합니다. 냉철한 이성과 따뜻한 가슴을 갖춘 인격의 완성은 인문학과 자연과학 그리고 예술적 소양을 두루 섭렵하는 통합적인 학문 수양을 통해서만 가능합니다. 우리 아이들을 이렇게 성장시켜야 합니다. 그러기 위해서는 먼저 우리 자신이 이렇게 성장해야 하겠죠. 따라서 지식인으로서 초등 교사가 전 교과목을 다 다뤄야 하는 것은 '고역'이 아니라 '축복'이라 하겠습니다.

초등 교직을 폄하하는 두 번째 말로 초등 교사는 쫀쫀하다는 말이 있습니다. 참으로 달갑지 않은 평론이어서 이삼십 대까지만 하더라도 저는 이 말을 듣기가 참으로 거북했습니다. 그러나 지금은 이렇게 생각합니다. 초등 교사는 쫀쫀할 수밖에 없고 또 쫀쫀해야 한다고 말이죠. 적어도 초등 교사에게 쫀쫀하다는 말은 세심하고 섬세하다는 말과 동의어라고 생각합니다.

초등 교사가 스케일이 작고 고지식한 것은 초등학생이 그러한 것과 관련이 있습니다. 초등학생이 어떠냐 하면, 교사 말을 곧이곧대로 받아들여 그것 외에 다른 것은 생각하지 못하는 아이들입니다. 운동회 날 태어나서 처음으로 달리기 시합을 하는 아이들에게 "저기 보이는 결승선까지 뛴다"고 하면 아이들은 결승선 근처에 와서 속력을 줄이면서 그 선 위에 딱 멈춰 버립니다. 교사가 시키는 대로 결승선까지 뛴 거죠. 때문에 미성숙한 아이에게 "결승선을 지나쳐도 된다"는 가르침을 빠뜨리지 않는 것, 이것이 초등 교사의 소임인 것입니다.

또한 아이들은 자기중심적이어서 자기 입장만을 강변하는 경향이 있습니다. 40분 수업을 마치고 좀 쉬려고 하면 너도나도 달려와 누가 무슨 잘못을 했느니 하면서 일러바쳐 대는 게 초등 아이들입니다. 보통 어른들은 아이들의 이런 행위를 고자질이라 치부해 버리겠지만, 초등 교사는 아이들이 나름 진지하게 제기한 각종 민원을 해결하고 분쟁을 조정하는 호민관 노릇도 해야 합니다.

초등 교직의 전문성은 이 쪼잔한 일상에 기초해 이루어집니다. 이 세밀한 일상사를 하찮게 생각하거나 부끄러워하지 않고 진지한 자기 존재론으로 정립하는 것, 초등 교직의 전문성은 여기서 출발합니다. 물론 현실적으로 우리의 일상에서 미세한 영역까지 전문성을 갖추고 교육 실천을 하기가 말만큼 쉽지가 않습니다.

저도 한때는 학급을 벗어나 교과 전담 교사를 오래 해 봤습니다. 초등에서 교과 전담 업무는 학급담임 업무에 비해 노동강도나 스트레스 면에서 현격한 차이가 있습니다. 그러나 전담 교사를 오래 하면서 특정 교과에 대한 수업 역량은 발전할지 모르지만 상대적으로 타 교과에 대한 식견이나 학급경영에 대한 감각이 무뎌져 가는 것을 깨닫게 되었습니다. 학급담임으로서 아이들에게 재밌는 이야기와 좋은 노래를 가르쳐 줬을 때 아이들이 즐거워하는 그 반응이나 교실에서 아이들과 치열하게 부대끼는 그 쪼잔한 일상이 그리워졌습니다. 요컨대, 초등 교사로서의 총체적 전문성과 거리가 멀어져 가는 나 자신을 발견했던 것입니다.

초등 교사의 전문성은 아이들의 눈높이에서 교육 실천과 생활지도를 하면서 길러집니다. 사람은 남을 가르치면서 자신의 지식이 최고 수준에 달하는 법입니다. 최고의 지식 전문가는 쉽게 가르치는 사람입니다. 초등 교사는 아이들의 눈높이에서 쉽게 가르치려고 고민하는 사이에 자신의 지적 역량을 발전시켜 갈 수 있습니다.

교사도 생활 속에서 학습자가 되어 누구로부터 무엇을 배울 때가 있죠. 그때 우리는 간혹 '더 쉽고 간단하게 설명할 수 있는 것을 저분은 왜 그렇게 어렵게 설명하는가?' 하고 생각을 할 때가 있을 겁니다. 그러나 그 사람을 탓할 것이 아니라 우리가 모르는 사이에 어느덧 교수법의 달인이 되어 있기에 그런 생각을 품는지도 모릅니다.

초등 교사에 대한 세 번째의 평으로 초등 교사는 순진하다고 합니다. 순진하다는 말은 경우에 따라 듣기 좋은 말일 수도 있고 불편한 말일 수도 있죠. 부정적인 의미로 이 말은 '잘 속는다'는 뜻으로 씁니다. 실제로 교사들이 의외로 사기를 당하는 경우가 많다고 합니다. 그리고 학교에 무엇을 팔러 오는 사람들, 이른바 잡상인에서 시작해서 신용카드나 보험 판촉 활동하는 사람들이 가끔씩 학교를 찾는 경우가 많은데 이들에게 제일 우호적인 사람들이 학교 교사라 합니다. 부정적 의미든 긍정적 의미든 '순진하다'는 말은 교사, 특히 초등 교사의 성향을 잘 대변해 주는 말이라고 생각합니다.

실존주의 철학자 마르틴 부버는 명저 《나와 너》에서 '나'라는 존재는 결코 혼자서 규정될 수 없으며 반드시 '나와 너'라는 관계의 형태로 의미를 갖는다고 했습니다. 나는 너로 인해 있는 것입니다. 나의 생성becoming은 너라는 존재로 말미암습니다. 여기서 나를 교사, 너를 학생으로 바꾸어도 부버의 논리가 그대로 성립합니다. 교사를 교사이게 하는 것은 다름 아닌 학생입니다. 교사의 성향이나 정체성은 학생에 의해 정립되는 것이죠. 매일 흉악범을 상대하는 강력계 형사와 어린아이들을 상대하는 초등 교사가 각각의 직업 사회화 과정을 통해 길러지는 모습이 같을 수가 없겠죠. 그것이 좋은 의미든 그 반대 의미든 초등학생인 어린이들이 순진하니 초등 교사가 순진한 것은 당연한 귀결이라 할 것입니다.

지금까지 우아한 글쓰기로 초등 교직의 특성을 다소 미화한 측면이 있었으리라 돌아봅니다. 솔직히 우리들 가운데 제가 위에서 말한 고도의 전문성이나 윤리성을 지니고 있는 초등 교사가 과연 몇이나 될지 의문스럽다 하겠습니다. 그러나 그런 사람은 초등학교뿐 아니라 대학교에서도 잘 찾아보기 힘든 것이 사실입니다. 우리는 다만 내일의 우리 교직 삶이 오늘보다 더 나은 것이 되도록 노력하는 자세만 견지해도 좋을 겁니다.

초등 교직은 교사가 처신하기에 따라서 초등교육 기능공으로 전락할 위험성이 상존해 있습니다. 극과 극은 통한다고, 초등 교사는 순박하기만 한 어린아이를 상대로 하기 때문에 한없이 악해질 수도 있습니다. 마음먹기에 따라서 우리는 자신의 얄팍한 이익이나 편의를 쫓을 요량으로 이 순진무구한 어린 영혼들을 얼마든지 기만하고 유린할 수 있습니다.

지금은 많이 변해 가고 있지만, 아침 자습 시간에 1학년 아이들에게는 팔이 아프도록 글씨 연습을 시켜 놓고 동학년 교사들은 학년 연구실에서 커피 마시며 수업 종이 쳐도 교실에 들어가지 않고 무익한 잡담을 지루하게 뻗치고는 하는 것이 초등 교직 사회의 한 단면이기도 합니다.

"내 이름으로 이런 어린아이 하나를 영접하면 곧 나를 영접함이니 누구든지 나를 믿는 이 소자 중 하나를 실족케 하면 차라리 연자 맷돌을 그 목에 달리우고 깊은 바다에 빠뜨리우는 것이 나을 것"이라는 요한복음의 말씀대로, 천국과 지옥 양극단 중 하나에 속할 수도 있는 것이 초등 교사의 운명인지도 모릅니다.

또한, 교사 문화라는 측면에서도 중등에 비해 초등 교직 사회가 안고 있는 고질적인 치부도 적잖습니다. 그 하나가 교직원 배구 대회에 목숨 거는 문화, 친목회에 지나치게 집착하는 풍속도입니다. 그리고 연구 시범학교 따위의 행사를 치를 때 내용보다는 형식, 질보다는 양에 치중하는 것도 초등 교직 사회의 부끄러운 자화상입니다. 그럼에도 학교 관리자나 장학사들은 초등학교의 이런 경향성들을 미화하고 자찬해 대지만, 이러한 습속은 결코 자랑이 아닙니다. 이것은 우리의 치부이자 교사의 전문성을 좀먹는 독버섯일 뿐입니다.

생각하기에 따라서 초등 교직은 한없이 편하고 쉬운 직무일 수도 있고, 또 반대로 굉장히 고되고 어려운 직무일 수도 있습니다. 이 글에서는 초등 교직의 긍지와 자부심은 전문성의 획득 여부에 달려 있다는 말씀을 드리고자 했습니다. 부단히 노력하지 않으면 얼치기 전문가 되기 쉽고, 지식 전문가가 아니라 지식 기능공, 교육자가 아니라 지식 장사꾼으로 전락하기 쉬운 것이 초등 교직입니다. 반대로, 끊임없이 자기 연찬하는 가운데 아이들과 자신이 동반 성장해 가며, 지성인으로서 즐거움과 보람을 만끽할 수 있는 최고의 직업이 초등 교사가 아닐까 생각해 봅니다.

교육의 리얼리티

 몇 해 전에 대학에 강의를 나간 적이 있었습니다. 제가 맡은 강의의 주제는 '교직 실무'였는데, 미래에 교단에 설 사범대 학생들을 대상으로 저의 현장 경험과 이론을 접목하여 '살아 있는 교육학'으로 재구성하여 수업을 진행하고자 했습니다. 어느 대학의 교육학 교수가 쓴 《교사를 위한 교직 실무》라는 책을 교재로 썼는데, 그 책은 내용도 있고 현장 실무에 관해서는 잘 소개하고 있지만 제가 보건대 아주 중요한 한 가지가 빠져 있었습니다. 교육의 리얼리티가 없었습니다. 시종일관 막연히 좋은 말로만 포장되어 있었습니다. 그때는 전국의 초등학교에서 6학년을 대상으로 국가 수준에서 학업 성취도 시험을 쳐서 학교 간 성적을 매기던 시기였습니다. 무한 경쟁이니 명품 교육이니 하는 납득하기 힘든 슬로건을 앞세워 초등학생들에게 문제집 풀이 위주의 보충수업을 시키는 것이 현장 교육의 실제이건만, 상아탑의 교육학 교수들은 '성직' 운운하며 미래의 교사들에게 장밋빛 교직관을 가르치라고 주문하고 있는 것입니다.
 사대에서든 교대에서든 미래의 교사를 꿈꾸는 학생들에게 우리 교육의 현실을 이해시키기 위해서는 현장의 리얼리티에 충실한 이야기로 풀어 가야 합니다. 현실과 유리된 창백한 담론이 아닌 현장 교사의 생생한 경험에 근거한 실물적인 언어로 다가가야 할 것입니다. 교직 실무 교재에서는 교직을 바라보는 관점으로 성직관, 전문직관, 노동직관, 공직관 따위를 열거하고 있습니다만, 지극히 상식적이고 추상적인 이런 설명 방식이 우리 현장 교사들에게는 공허하게만 느껴집니다. '교직의 정체성'이라는 개념을 실감나게 서술하자면, 한마디로 "학교가 무엇과 같은가?"란 물음에 대한 답이어야 할 것입니다.

20여 년 전 교대를 졸업하고 학교에 첫발을 내디뎠을 때 선배 교사들이 학교를 '공장'으로 표현하는 것을 보고 적잖이 놀랐습니다. 공식적인 명명법보다 때로는 메타포가 사물의 본질을 적확하게 표상하는 경우가 많습니다. 신성한 교육의 장이어야 할 학교가 공장이라는 조야한 메타포로 교육 주체들 사이에 통용되는 이 자조적 수사법이 왜곡된 우리 교육의 현실을 웅변해 준다 하겠습니다.

교사가 학교를 공장으로 일컬으니 어떤 과격분자를 연상하겠지만 그 선생님들은 그저 평범한 분들이었습니다. 애들 가르치는 데 별 열의를 쏟지 않으며 위에서 뭐 해내라고 하면 빨리 척척 해내면서 '오늘 오후에 친목 배구 한판 안 벌이나' 하는 생각으로 일상을 보내는 분들이었습니다. 그때나 지금이나 현장에 첫발을 내디딘 교사에게 가장 중요한 자질로 요구되는 것은 아이들 내팽개치든 말든 거짓말을 담든 말든 위에서 떨어지는 오더나 공문 따위를 제때에 해내는 테크닉과 센스를 빨리 터득하는 것입니다. 때문에 지금 누가 "학교가 무엇인가?" 묻는다면 저 역시도 20여 년 전의 선배 교사와 똑같은 말을 할 것입니다.

신성한 학교를 공장으로 일컫는 이 블랙코미디의 진수는 무슨 연구 시범학교나 100대 교육과정 따위에서 적나라한 모습으로 드러납니다. 시범학교가 '시범적으로 아이들 망치는 반교육적 폐단 그 자체'임은 교직 생활 한두 해만 해 보면 알게 되죠. 교육의 실적은 종이 쪼가리 위에 있지 아니한데, 교사들은 아이들에게 자습 시켜 놓고 실적물 찍어내기에 바쁩니다. 교육의 실적은 사진 속에 담을 수 없는데, 부지런히 사진 찍고 거짓 서류 꾸미고 중앙 현관이나 복도 벽에 게시할 판대기 만들기에 바쁩니다. '공장'으로 전락한 학교에서 '교육 실적물'이란 이름의 상품 찍어 내기에 바쁜 것입니다. 그 와중에 진정한 교육이 소외되어 갈 것은 말할 나위도 없겠죠.

물론 요즘 학교를 공장으로 일컫는 교사는 잘 없습니다. 제가 현장에 발령받아 근무할 때와 지금의 학교는 많이 달라졌습니다. 그러나 교육 발전에 아무 도움이 안 되는 교육 실적물을 양산하거나 소모적인 문서 작업에 교사의 열정을 쏟는 폐단은 예전보다 훨씬 심합니다. 컴퓨터와 인터넷의 발달로 문서 작업이 용이해지고 무한 복제가 가능해졌기 때문에, 실적 부풀리기나 외양을 번드레하게 꾸미는 거짓 행각이 진화되고 있다고나 할까요. 그 형식미가 진화한 만큼 내용미는 퇴화한다고 봐야 합니다.

장학사님 행차할 때 교무실 책상 위에 놓인 실적물의 높이에 반비례해서 교사의 교육자적 양심과 전문성은 추락합니다. 그 실적물의 양만큼이나 학생의 소외도 커져 갑니다. 그러기에 공장이라는 메타포는 여전히 유효합니다. 정보화 시대에 접어들면서, 학교는 다만 예전보다 세련된 공장으로 변신해 있을 뿐입니다.

형식미의 세련성은 세련된 용어를 동반해 왔습니다. 교육의 본질에 관한 기존의 우리 정서에 비추어 전혀 어울릴 법하지 않은 신조어로서 '교육 수요자'니 '수요자 중심의 교육'이니 하는 용어들이 시나브로 교직계에 익숙하게 자리해 가고 있습니다. 시장경제 사회에서 교육이 하나의 상품으로 유통됨에 따라 학교는 협동을 미덕으로 삼는 교육 공동체가 아니라 치열한 경쟁이 난무하는 전쟁터가 되었습니다.

학교 예산은 필요에 따라 배분되는 것이 아니라 라스베이거스의 카지노마냥 무슨 교육 이벤트에 응모해서 각축을 벌여 돈 따먹기 하는 놀음이 되었습니다. 교육은 주로 철학과 신념의 문제이건만, 이 놀음의 승패는 교육의 소신과는 거리가 먼 가식과 형식미를 누가 그럴싸하게 포장하는가로 결판납니다. 한마디로, 영혼 없는 학교교육이 되어 가고 있는 것입니다.

교육이 시장터로 전락한 결과로 최근 학교 사회에서 유포되고 있는 천박한 슬로건이 '명품 교육'이라는 해괴한 용어입니다. 교육청에서 '명품 ○○교육청'이라 떠드니 학교도 저마다 교문 위에 '명품 ○○ 초등학교'라는 식의 현수막을 내거는 것이 유행이 되었습니다. 대관절 학교가 교육을 어떻게 해야 명품이 되는 것일까요? 교육은 교사의 손끝에서 시작되고 끝맺는데, 교사들이 학생을 어떻게 가르쳐야 명품 소리를 듣게 되는 것일까요?

역사 속 위인 가운데 명품과 가장 거리가 먼 인물일 법한 마하트마 간디는 "진보는 단순화Progress is simplification."라는 말을 남겼습니다. 교육도 그러합니다. 가장 앞서 가는 교육은 역설적으로 가장 단순한 교육이어야 합니다. 동서고금을 막론하고 교육의 고갱이는 '교육혼'이란 말로 상징됩니다. 스승과 제자 사이에 따뜻한 인간관계에 바탕한 실존적 만남이 없이는 참된 교육이 이루어지지 않습니다. 철학이 빈곤한 교육 CEO들이 내세우는 명품이라는 천박한 구호 속에는 실적만 있고 만남은 없습니다. 우리 교직 경험으로 미루어 교육 실적과 따뜻한 만남은 절대 양립하지 못합니다. 평가를 잘 받을수록 필연적으로 학교는 반교육적인 교육기관으로, 그 속에 있는 교사들은 영혼 없는 교육자로 전락하기 마련입니다.

이러한 현실 속에서 교직을 성직이라 하면 현장 교사들은 씁쓸한 웃음을 지을 것입니다. 신성한 교직을 누가 공장으로 만드는가요? 다름 아닌 '교직은 성직'이라 강변하는 이들이라고 생각합니다. 프랑스 속담에 "누구든지 천사가 되고자 하는 이는 짐승이 될 것"이라는 말이 있습니다. 한 입으로는 아이들을 사랑으로 지도해 달라고 주문하면서, 다른 입으로는 교육 실적으로 학교와 교사를 평가하겠다는 식민지적 교육 통제가 해체되지 않는 한 학교는 여전히 공장으로 전락할 겁니다.

학교는 신성한 교육의 장입니다. 교사의 교육 실천은 성스러운 행위이어야 합니다. 그러나 그것은 창백한 교육학 서적 속의 성직자본이 아닌 '부정의 부정'을 거쳐 지양된 교직관으로서의 성직이어야 합니다. 잃어버린 성직을 되찾기 위해 우리가 무엇을 어떻게 할 것인지 고민해 봤으면 합니다. 초라한 이 책이 담고 있는 내용은 그 고민이 전부라 해도 좋을 겁니다.

좋은 교사가 되기 위해 하지 말아야 할 것들

　교직 경력 20여 년 되는 선배랍시고 후배 선생님들이 더욱 신명 나고 보람 있는 교직 생활을 영위하는 데 약간이라도 도움이 되고자 하는 뜻에서 이 글을 씁니다. 어떤 분야든 경험이 일천한 분들이 선배들에게 가장 많이 듣고 싶은 질문이 있다면 "어떻게 하면 좋은 직업인이 될 수 있나?" 하는 것이 아닐까 싶습니다.
　'좋은 교사가 되기 위해 어떻게 살아야 하나?', '좋은 교사가 되기 위해 무엇을 해야 하나?' 하는 질문을 스스로에게 던져 보지 않은 분은 없을 겁니다. 주위에 자신이 신뢰하는 선배 교사가 있다면 같은 질문을 건네기도 할 것입니다. 만약 제가 아끼는 후배가 "좋은 교사가 되기 위해 무엇을 해야 됩니까?" 하고 진지하게 물어 온다면 저 또한 답하기가 무척 곤혹스러울 것입니다. 대신 저는 좋은 교사가 되기 위해 하지 말아야 할 것 몇 가지를 제안하고자 합니다.

첫째, 페이퍼 워크에 너무 많은 시간과 노력을 들이지 말기 바랍니다.
　'페이퍼 워크paper work'란 용어는 영어 연수 받을 때 미국인 원어민 교사로부터 배운 표현입니다. 다른 나라의 교사들도 당연히 문서 작업을 하겠지만 우리의 경우는 교육의 본말이 전도될 지경이어서 그 폐해가 일반인의 상상을 초월합니다. '문서 작업'이라는 순화된 용어보다 '종이 쪼가리 찍어 내기'라는 의미의 '페이퍼 워크'라는 말이 우리 학교의 현실성을 충실히 전달한다고 판단하여 이 용어를 쓰고자 합니다.

초임 교사 때 업무 가운데 지긋지긋하게 싫었던 것이 페이퍼 워크였습니다. 웬 공문이 그리도 많은지 그것도 보고 기한을 촉박하게 내려보내 주니 만사를 제쳐 놓고 공문 처리에 몰입해야 합니다. 심지어 수업 시간에 아이들에게 자습을 시켜 놓고 공문 보고를 하는 경우가 비일비재했죠. 그나마 지금은 NEIS(교육행정정보시스템)라는 게 있어서 공문 처리가 많이 간소화됐지만 그래도 공문의 양은 과거보다 더 많아진 것 같습니다. 뿐만 아니라 최근 학교는 기관 평가에 대비해 각종 실적물 만들어 내느라 교사들이 눈코 뜰 새 없이 바쁜 실정입니다. 거기에다 연구 시범학교나 100대 교육과정 지정을 받으면 현장 교사들의 용어로 '일 폭탄'을 맞아 신음할 수준이라 하겠습니다.

아무리 일 폭탄을 맞아도 신기하게도 어김없이 교사들은 그 일을 다 해냅니다. 하지만 그 과정에서 교육의 본질이 망가지고 왜곡되고 학생이 피해를 입는 것은 불가피하죠. 그리고 그것은 일이 아니라 그저 페이퍼 워크일 뿐입니다. 어디 교사가 종이 쪼가리 찍어 내기 위해 청운의 꿈을 품고 교단에 섰던가요? 페이퍼 워크는 교사의 일이 아닙니다. 그것으로 인해 교사의 본업에 피해가 초래되는 점에서 부당 노동에 가깝습니다.

전문직 종사자로서 교사의 창의성을 말살하고 신성한 교육 노동의 자존을 망가뜨리는 그러한 부당 노동은 가급적 기피해야 하겠지만 젊은 교사는 존재 여건상 그러기가 어렵습니다. 그렇다면, 그런 쓸데없는 짓거리는 얼렁뚱땅 해치우는 게 최선입니다. 거짓말 적당히 섞어서 대충 처리하는 요령을 빨리 터득하시기 바랍니다. 거짓말로 포장한다고 양심의 가책 전혀 느낄 필요 없습니다. 거짓말을 하는 사람이 나쁜 게 아니라 거짓말을 강요하는 시스템이 불선한 겁니다. 페이퍼 워크라는 게 어디 거짓말하지 않고 작업이 가능하기나 합니까? 그런 무익한 작업에는 시간과 노력과 감정의 투자를 최대한 아끼라는 말입니다. 그게 자신을 위하고 이 나라 교육을 위하는 길이라는 확신을 가지기 바랍니다. 교사가 덜 불행해야 아이들도 덜 불행해집니다.

둘째, 학교 친목회에 재미 붙이지 말기 바랍니다.

"좋은 교사 되는 것과 친목회와 무슨 상관이 있는가?" 이렇게 생각할지도 모르겠습니다. 친목회는 학교 사회 내의 비공식 기구지만 교사의 교직 삶에서 매우 큰 비중을 차지하는 중요한 조직체입니다. 초등 교직 사회의 특수성과 초등 교사의 정체성을 이해하고 성찰하기 위해 학교 친목회가 교사의 교직 삶에 어떤 영향을 미치는지 냉철하게 짚어 봐야 합니다. 아마도 초등 교직 사회와 중등 교직 사회의 성격이 확연히 구별되는 지점도 이 친목회 문화가 아닐까 싶습니다. 이또한 초등 교직과 중등 교직의 구조적 차이에서 기인합니다.

중등 교사는 자기 전공 과목이라는 독립적인 영역을 갖기 때문에 학교 내 교직원 관계 속에서도 상대적으로 선명한 자기 포지션을 갖습니다. 이 배타적인 영역에 대해 타 교과목 교사와 정보나 조언을 주고받을 일이 잘 없습니다. 이를테면, 수업 공개에서 수학 교사가 영어 교사의 수업을 참관하고 비평할 일은 없습니다. 그리고 선후배라는 개념 또한 같은 전공 내의 같은 대학을 나온 사람끼리나 적용될 성질의 것이죠. 그러나 초등 교사는 전 과목을 가르치기 때문에 출신 배경부터 특정 지역의 특정 교육대학이라는 동질 집단적 성격을 갖습니다. 그래서 초등에서는 '만인이 만인에 대한 선배이자 후배'라는 기치 아래 '우리가 남이가?'라는 인식이 공유되는 것입니다.

모든 사물은 긍정적인 것과 부정적인 두 측면을 동시에 품고 있는 법이어서 이러한 초등 특유의 교사 문화는 교직 일상이 원활히 돌아가게 하는 순기능적인 면도 있지만, 그 역기능적 측면 또한 심각한 수준임을 고백하지 않을 수 없습니다. 지역이나 학교에 따라 편차는 있겠지만, 초등 교직 사회에서 과열된 친목 문화는 교사의 전문가적 마인드와 자긍심을 잠식하고 심지어 학생 교육에도 피해를 끼치기도 하기 때문입니다. 그 단적인 예가 교직원 배구 대회입니다.

많은 지역에서 5월 스승의 날 주간을 맞아 교직원 배구 대회가 열리는데, 초등에서는 대부분의 학교가 이 대회 준비에 지극 정성을 쏟습니다. 어떤 학교는 1년 중 교사가 가장 바쁜 달인 3월부터 선수를 구성하여 강훈련에 들어갑니다. 2월에 교사 인사이동 결과가 발표되면 배구 잘하는 아무개 교사가 어느 학교로 가는가에 남자 교사들의 관심이 집중됩니다. 학교별로 선수 구성에 따른 전력을 분석하여 '올해 어느 학교가 우승을 할 것이며 우리 학교 성적은 어떻게 되겠다' 하는 전망을 내놓고는 합니다.

대관절 교사가 배구 잘하면 학교교육의 뭐가 나아지는 것일까요? 많은 지역의 초등학교에 퍼져 있는 이 비정상적인 배구 신드롬은 괴상함을 넘어 반교육적이기까지 합니다. 인간의 열정은 한계가 있는 법인데, 선생이라는 사람들이 배구에 빠져 있으면 상대적으로 교육 본연의 무엇이 잘 돌아가지 않을 것은 자명하기 때문입니다. 신규 교사가 현장에 발령받아 제일 먼저 고민하는 것이 수업 기술도 교육철학도 아닌 배구 실력이라면, 그런 교육에 미래가 밝을까요? 그런 교사 군상을 전문가라 이름할 수 있을까요?

'우리가 남이가?'라는 자못 원초적인 집단의식은 좋게 말해 공동체적인 '우리 의식we-feeling'이지만 본질적으로 가부장적 권위주의에 입각한 전근대적 지배 방식과 맞닿아 있습니다. 저는 초등 교직 사회에서 구성원들이 친목회에 과잉 몰입하는 기이한 현상이 앞서 말한 페이퍼 워크로 몸살을 앓는 초등 교직 사회 풍토와 동전의 양면처럼 한 몸을 이룬다고 생각합니다.

학교 실적 거양에 욕심이 많은 관리자들이나 승진에 혈안이 돼 있는 중견 교사들이 많은 학교는 예외 없이 연구 시범학교나 100대 교육과정 따위를 따 옵니다. 이런 학교에서 교사의 하루는 숨 쉴 틈 없이 돌아갑니다. 친목회는 그러한 팍팍한 일상에 윤활유 역할을 합니다. 이런 학교에서는 관리자와 중간 간부(부장 교사) 그리고 평교사 사이의 의사소통이 결코 민주적으로 이루어지지 않습니다. 의사 결정 기구인 교직원 회의에서 자유로운 토론이나 협의는 잘 이루어지지 않을뿐더러 그러한 시도 자체를 조직의 인화를 깨는 일탈로 금기시합니다.

온전한 식견이나 양심을 가진 교사라면 관리자들이 학교 실적을 거양하기 위해 교사들에게 강요하는 페이퍼 워크가 교육 발전에 아무 도움이 안 될뿐더러 필연적으로 학생 교육에 피해를 끼치게 되는 인과관계를 잘 알 것입니다. 때문에 그런 부당한 명령 체계에 반감을 품는 것이 정상입니다. 그러나 관리자들은 교직원 협의회나 부장 회의를 통해 자신의 입장을 관철시키기 위해 상명하달식의 지시를 앞세우며 교사들에게 침묵과 순종을 강제하는데, 이것이 채찍이라면 당근으로 주어지는 것이 "친목 활동의 자유"란 말입니다. 공식 기구인 교직원 협의회에서는 말 한마디 못 하는 사람들이 비공식 기구인 친목회에서는 그간에 쌓였던 불합리에서 오는 우울함을 뒤로하고 생기발랄하게 잘 즐긴다면 지성인이니 전문직이니 하는 말들이 무색해지지 않을까요?

일견 정반대되는 개념으로 생각되는 침묵과 요설은 사실 같은 것인지도 모릅니다. 동료의 기쁨과 슬픔을 함께하며 물질적으로 상호부조 하려는 친목회의 취지 자체는 우리 사회의 아름다운 풍속이라 하겠습니다. 또한 호모루덴스로서 인간에게 유희는 삶의 재충전을 위해서도 꼭 필요한 것이기도 합니다. 하지만 억압적인 구조 속에서 강요된 침묵과 함께 주어진 기형적인 요설의 문화로 기능할 때, 그것은 우리 삶을 생기 있게 하는 리-크리에이션이 아니라 오히려 교사의 전문가적 마인드와 기상을 망가뜨리는 또 다른 질곡이 아닐까 생각합니다.

위에서 시키는 것들을 열심히 해내면서 아무런 문제의식을 못 느끼고서 그 스트레스를 친목 활동을 통해 해소하려는 교사, 이런 타입의 후배들을 관리자가 제일 좋아합니다. 시쳇말로 '일도 잘하고 잘 놀 줄 아는' 사람인 거죠. 이런 교사들이 대개 지금 제가 말하고자 하는 "좋은 교사가 되기 위해 하지 말아야 할" 세 번째 코스를 밟습니다. 그것은 승진이라는 이름의 길입니다.

아시다시피 교사가 승진하는 길은 두 갈래입니다. 승진에 필요한 점수 꼬박꼬박 모아서 교감에서 교장으로 가는 길과 전문직 시험을 쳐서 장학사가 된 다음 교장으로 가는 길이 있습니다. 여기서는 주로 전자에 초점을 맞추고 그 문제점을 짚어 보겠습니다.

좋은 교사가 되기 위해 승진을 금기시해야 한다는 말을 하지는 않겠습니다. 한국의 교사라면 승진을 한 번쯤 생각해 보지 않은 사람 없을 겁니다. 행정가로서 교장의 길과 교육가로서 교사의 길이 처음부터 끝까지 따로 존재하는 정상적인 사회의 학교 체제와는 달리 교사가 어찌어찌해서 교장·교감이 되는 한국의 교직 사회에서 승진의 유혹으로부터 자유로운 교사는 없다 하겠습니다. 이를테면 나이 들어서 동기들은 다 승진하는데 평교사로 남아 자기보다 나이 적은 관리자의 지시를 받는 것은 견디기 힘든 일입니다.

요컨대, 한국의 교사에게 승진은 치열한 실존적 이슈라 하겠습니다. 건강한 교육을 위해 승진제도는 없어져야 하지만, 현재의 체제에서 교사들이 승진의 길을 가고자 한다면 적절한 나이가 되었을 때 전문직 과정을 거쳐 돌아가는 게 바람직합니다. 젊은 교사들이 일찍부터 교감 승진 준비를 하게 만드는 이 시스템은 개인이나 교직 사회 전체를 봐서도 정말 문제가 많습니다. 왜 그런지 구체적으로 따져 보겠습니다. 이에 대해 1)논리적 측면 2)도덕적 측면 3)철학적 측면 세 가지로 풀어 보겠습니다.

논리적으로 교사가 승진의 길을 거부해야만 하는 이유를 간명하게 제시하자면, 교사의 삶은 교사로 존재함에 있지 교사이기를 벗어남에 있지 않기 때문입니다. 교사의 꿈은 교실 안에서 아이들을 통해 키워 가는 것인데, 교실을 탈출하고 아이들로부터 벗어나면서 꿈을 이룬다는 것은 논리적으로 한참 앞뒤가 맞지 않는 것입니다. 아이들 가르치는 일이 힘들어서건 혹은 다른 무슨 이유에서건 교사가 교실과 아이들을 벗어나려고 하는 것은 자기 존재에 대한 심각한 이율배반인 것입니다. 따라서 승진을 꿈꾸는 것만으로도 승진할 자격이 없는 교육자임을 스스로 고백하는 것과 다르지 않습니다. 그런 사람이 교사 위에 군림하면서 교사더러 아이들을 사랑하라느니 교직에 자부심을 가지라느니 하면 설득력이 있을까요?

승진이라는 시스템은 근본적으로 조직 구성원들이 조직 발전을 위해 바람직한 행동을 하게 하기 위한 강화물(인센티브)인 것입니다. 그런데 학교라는 조직체에서 열심히 노력하고 타의 모범을 보이는 훌륭한 교사를 승진시켜 준다 함은 그로 하여금 더 이상 교사이기를 멈추게 하는 것입니다. 따라서 승진제도 자체가 교육적으로 모순 덩어리인 것입니다. 바로 이 모순으로부터 승진을 꿈꾸는 교사들이 심각한 도덕적 딜레마의 늪에 빠져 허우적거리게 됩니다.

앞서 말한 승진 욕구의 논리적 모순이 그대로 도덕적 모순으로 직결되는 겁니다. 교사로서 더 나은 존재 방식을 추구하는 것이 교사로서의 존재 자체를 부정하게 되는 이 자가당착의 모순에 대한 자기 해명 없이는 분열적인 삶을 살게 됩니다. 그러나 그 모순은 원천적으로 해명이 불가능합니다. 승진 욕망과 교육혼은 양립할 수 없기 때문입니다. 주위를 둘러보십시오. 승진에 혈안이 되어 있는 교사들이 교실을 어떻게 방치하고 아이들을 어떻게 망쳐 가고 있는지 말이에요.

승진에 혈안이 된 교사는 애당초 교육혼 따위를 가슴에 품어 본 적이 없는 사람이거나, 중견 교사가 되어 승진에 집착하면서 초심을 저버리고 원래의 자신으로부터 점점 낯선 사람이 되어 가거나, 그 둘 중 하나일 겁니다.

인간이 속물적 가치를 쫓으면서 점점 자신의 본래성authenticity으로 부터 멀어져 가는 이치를 철학자 칼 마르크스는 소외alienation라 일컬었습니다. 마르크스는 "소유에 대해 욕심을 많이 낼수록 우리 삶이 더욱 소외되어 간다"는 말을 남겼는데, 이 말을 지금 이 맥락에 적용하면 "교사가 승진을 욕망할수록 교사다운 존재로부터 멀어져 간다"고 하겠습니다.

교사가 교실과 아이들을 벗어나 승진을 욕망하는 것은 어찌 보면 교사로서 자기 삶에 대한 자신이 없어서일 것입니다. 현재의 자기 위치에 만족하지 않고 더 나은 무엇을 품는 포부를 야망이라 하지만, 교직에서 승진을 쫓는 것은 스피노자가 말한 자기 정념의 노예로서 갖는 빗나간 열정에 지나지 않습니다. 교사의 참다운 행위는 참교육에 있습니다. 교사임에 자부심을 갖고 열심히 아이들을 가르칠 때 우리의 삶은 적극적이 됩니다. 반대로 자기 존재를 부정하며 어떻게든 교실을 탈출하여 승진 사다리를 오르려는 사람은 소극적인 삶, 자기 본연의 모습과 점점 멀어져 가는 자기 삶의 이방인이 되어 갑니다.

연일 쓸데없는 페이퍼 워크로 진 다 빼고 모처럼 약간의 시간이 나면 또 배구하러 체육관으로 오라고 연락이 옵니다. 힘없는 젊은 여교사의 입장에서는 너무 싫지만 피할 수도 없는 한계 상황이라 하겠습니다. "피할 수 없으면 즐기라!"고 하죠. 선생님들 대부분이 이러한 처세술을 터득하며 자신을 환경에 적응해 갑니다. 전문직이란 말이 무색하게도 온갖 반지성적이고 반교육적이고 비합리적인 습속으로 얼룩져 있는 이 분열적인 리얼리티 속에서, 우리는 어느 정도 적응해 가야 합니다. 하지만 적응하기만 해서는 안 됩니다. 비록 자신이 힘이 없어 부당한 현실에 저항하지 못하더라도 자기 존재에 대한 끊임없는 자성을 통해 '내가 뭐 하는 사람인가?' 하는 고민의 자락을 내려놓지 않아야 합니다. 진지하게 고민하고 성찰하는 사람은 반드시 자기 해방을 이룰 것입니다.

교사는 무엇으로 사는가?

이 책은 짬짬이 블로그에 올린 글들을 하나로 엮은 것입니다. 블로그와 연동된 제 페이스북을 통해 제 글들이 벗들의 벗들에게로 폭넓게 확산되면서 많은 분들에게 읽히게 되는데, 몇몇 분들은 제 글에 대한 비평 또는 소감을 블로그에 남겨 주고는 합니다. 긍정적인 평이 많지만 아쉬움이나 유감을 표명하는 경우도 있는데, 그러한 부정적인 평은 대부분 '승진'에 관한 것이었습니다.

구체적으로, 제 글이 승진파 교사들을 절대 악으로 규정하는 이분법의 오류를 범하고 있다는 말씀이 많았습니다. 아마도 그런 분들은 승진을 욕망하고 그 실현을 위해 애쓰는 교사들이겠죠. 저는 그런 분들의 지적이 자의적이고 주관적인 입장에 근거한 뒤틀린 심사를 피력하는 것으로 보지는 않습니다. 그게 주관적이라면, 반대로 승진을 포기하고 교직 생활을 영위하는 교사들이 제 글에 대해 보이는 호응 또한 주관적인 것이기는 마찬가지일 겁니다.

사람이 포부를 품고 그것을 이루기 위해 열심히 살아가는 것은 그 자체로는 바람직한 일입니다. 문제는 그것이 개인적으로나 공적으로 어떤 가치와 의미를 지니는가 하는 것입니다. 이 글에서는 그런 점들을 객관적으로 짚어 보고자 합니다.

무릇 모든 시스템 속에는 그것을 움직이는 내적 동력원이 있습니다. 이를테면 자동차를 움직이는 핵심은 엔진입니다. 그러나 아무리 성능 좋은 자동차라도 엔진에 기름이 공급되어야 하고, 또 주유된 기름은 점화플러그에 의해 연소 작용이 일어나야 바퀴로 동력이 전달되어 구동됩니다. 이 같은 이치로 볼 때, 학교라는 자동차를 굴러가게 하는 동력원은 교사 집단인데 엔진에서 스파크 작용에 해당하는 무엇이 교사들의 마음속에서 일어야 학교교육이 원활히 돌아갑니다. 그것은 우리가 '동기'라고 일컫는 것입니다.

동기에는 내발적 동기intrinsic motivation와 외발적 동기extrinsic motivation가 있습니다. 내발적 동기란 과업 그 자체에 대한 흥미나 즐거움에 의해 추동되는 것으로서 외적 강제가 아닌 개인 내면에 자리하고 있는 동기를 말합니다. 반면, 외발적 동기는 행위자의 바깥에서 주어진 것으로서, 돈이나 점수 따위의 보상이나 강압이나 위협 같은 체벌적 요소가 이에 해당합니다.

자발적으로 움직이는 점에서 내발적 동기는 능동적인 반면, 외발적 동기는 외적 원인에 의해 행위를 취하기에 수동적입니다. '수동적'에 해당하는 영어 단어는 'passive'인데, 그 명사형은 'passion열정, 정념'이죠. 여기서 '열정'이 '수동적'이란 단어에서 파생되었다는 점이 흥미롭습니다. passion은 원래 철학적 개념으로서 분노, 탐욕, 욕정 따위의 죄악의 정서에 사로잡힌 상태를 뜻했습니다. 물론 이러한 개념은 기독교적 봉건사상이 지배하던 중세 유럽 사회의 산물로서 오늘날 우리가 아는 열정이라는 뜻과는 완전히 다릅니다. 그러나 묘하게도,

학교에서 교사 집단 사이에 팽배해 있는 외발적 동기가 딱 이와 같습니다.

교사는 '승진'이라는 이름의 외발적 동기에 사로잡히는passive 순간 더 이상 선량한 교사이기를 그칩니다. 학교에서 발생하는 온갖 반교육적 작태들의 대부분은 이 '승진'이라는 외발적 동기에 터해 빗나간 정념passion에 사로잡힌 교사들, 왜곡된 피라미드 구조의 상층부에 있는 소수의 승진파들에 의해 빚어집니다.

교사를 움직이는 동기는 내발적 동기가 전부여야 합니다. 가르침이라는 교사의 행위action는 '액션'이란 명사와 조응하는 형용사의 의미처럼 능동적active인 것으로서, 그 동기는 교육혼이란 낱말로 대변됩니다. 학생을 신명 나게 가르칠 때 흥을 느끼고, 그 능동적인 스스로의 액션에 힘입어 학생이 지적·정서적으로 변화를 보일 때 스스로가 살아 있음을 느끼는 것, 이것이 교사입니다. 기실 교사의 존재감은 이것이 전부입니다. 즉, 학생을 사랑하는 마음과 최선의 가르침을 위해 노력하고자 하는 그 열의가 교사 존재론의 알파이자 오메가인 것입니다. 그 밖의 모든 것은 다 부차적인 문제일 뿐입니다.

혹 자본주의사회에서 교사도 결국 돈 벌기 위해 가르치는 것 아니냐고 반문할지도 모릅니다. 교사도 노동자인 이상 자기 노동에 대한 대가를 염두에 두고 가르치는 것은 당연합니다. 시쳇말로 먹고살기 위해 선생 하는 것입니다. 그러나 먹고살기 위해 가르친다는 것은 숨 쉬기 위해 가르친다는 것만큼이나 무의미한 말입니다. 나아가 이 물음이 무의미한 결정적인 근거는 열심히 가르치는 교사나 대충 가르치는 교사 모두 같은 몫의 월급을 받는다는 사실에 있습니다. 열과 성을 다해 아이들에게 헌신적인 교육을 하는 교사에게 그렇지 않은 교사보다 더 많은 물질적 보상이 주어지지 않습니다. 그럼에도 그가 그렇게 하는 이유는, 다름 아닌 그게 교사의 존재론이기 때문입니다.

열심히 가르치는 교사와 그렇지 않은 교사, 유능한 교사와 무능한 교사를 구별 짓지 않고 물질적 보상을 똑같이 하기 때문에 학교 교사들이 사교육 강사들에 비해 자기 혁신을 게을리하며 정체된 삶을 살아간다는 지적이 있습니다. 이 같은 문제 인식에서 작금의 교직 사회에서 절대 다수 교사들의 반발 속에서 억지로 시행되고 있는 것이 교원 평가와 성과급 제도죠. 그러나 교사의 외발적 동기를 부추기는 이러한 인센티브제는 순기능에 비해 역기능이 훨씬 심각함을 알아야 합니다.

저는 학교에 들어와 활동하고 있는 방과 후 강사들을 보면서 이런 이치를 절감합니다. 방과 후 강사들에게 제일 중요한 것은 '생존'의 문제죠. 가족의 생계를 꾸려 가기 위한 생존도 생존이지만, 그 생존을 위해 현재의 위치를 유지하는 생존에 신경을 써야 합니다. 방과 후 강사가 다음 학년도에도 살아남기 위한 열쇠는 아이들이 쥐고 있습니다. 이른바 '학생 만족도'라는 것이죠. 때문에 이들은 아이들에게 호감을 사기 위해 여름철에 아이스크림을 돌리는가 하면, 아이들이 그릇된 행동을 일삼아도 어떤 훈육적 입장을 취하지 않고 방관하거나 혼자서 속을 삭입니다.

아이들이 담임교사와 방과 후 교사에게 대하는 태도가 얼마나 다른지 학부모나 일반인들이 알면 놀랄 겁니다. 말하자면, 아이들은 방과 후 수업을 통해, 예컨대 종이접기라는 가르침을 받지만(표면적 교육과정), 모든 교사가 동일한 권위를 갖는 것이 아니라는 것과 그 차이는 사회적 위계질서나 시장경제의 원리에서 기인한다는 것, 그리고 고객 혹은 수요자로서 자신은 공급자인 교사의 통제로부터 자유로울 수 있다는 것을 학습해 갑니다(잠재적 교육과정). 잠재적 교육과정이 표면적 교육과정보다 더 위력적이라는 것은 교육학의 상식이죠. 교육이 상거래 행위가 되면 교사의 권위는 바닥에 내려앉고 이렇듯 무서운 결과가 초래되는 겁니다.

인간이 파블로프의 개와 같을 수는 없지만, 인간 행동의 많은 부분은 행동주의 심리학의 간단한 정식으로 설명이 됩니다. 인간이 자극 (S)-반응(R)이라는 동물적 메커니즘을 초월하여 인간다운 무엇을 추구할 수 있기 위해서는 먹고사는 문제, 즉 고용 조건이 외적 자극(인센티브)에 의해 조건화conditioned 되지 않아야 합니다. 방과 후 강사가 재계약이라는 자극(S)에 조건화 되면 그는 그 강화물을 얻기 위해 교육보다는 서비스에 치중하게(R) 되고, 아이들은 또 아이스크림에 조건화 됩니다. 아이 스스로 바람직하지 않다고 여기는 행동을 했음에도 행동 수정을 위한 교사의 권위를 발동하지 않는다면 아이의 일탈은 심해지고 버릇없는 아이로 길러질 겁니다.

이 모든 불상사는 교육자의 자질과 무관합니다. 만약 학교 교사도 경제 관계에서 조건화가 이루어진다면 아이들에게 서비스맨으로 다가가야 할 것입니다. 현재의 성과급제가 등급 간의 차이나 성과급액을 늘리거나 교원 평가제가 교사 재임용의 수단으로 활용되거나 하면 그렇게 되겠죠. 교사를 경제적 이해관계로 조건화 시켜 학생들을 친절하게 대하도록 만드는 것은 이해할 수 있습니다. 그러나 아이들에 대한 사랑이나 헌신성 따위는 조건화 기제로 유인할 수 없습니다. 왜냐하면, 교육은 주로 '신념'의 문제이기 때문입니다. 고금을 막론하고 교사의 교육혼을 자극할 수 있는 것은 내발적 동기가 전부입니다.

페스탈로치의 길을 가고자 고귀한 이상을 품고 교단에 선 젊은 교사들을 힘들게 하는 것이 뭐던가요? 일천한 교직 경험으로 교재 연구와 학급경영에 고민을 쏟을 시간도 부족한데, 아이들에게 아무 도움도 안 되는 각종 전시용 행사와 교육 실적물을 양산해 내는 데 미력한 자기 역량의 대부분을 소진해야 하는 현실이 교사들을 힘들게 하는 것 아닌가요? 공사판도 아니고 어떻게 신성한 교육의 장에서 이런 어처구니없는 일들이, 그것도 '전문직'을 자임하는 지성인들에 의해 빚어지는지를 생각하면 참으로 통탄할 노릇이죠. 그러나 엄격한 위계질서를 근간으로 돌아가는 조직 사회에서 자신에게 부여된 역할을 수행하기 위해 교사들은 어쩔 수 없이 그 '묻지 마' 교육 노동 시스템 속에 몸을 맡깁니다.

정상적이고 선량한 교사라면 이 언어도단의 시스템에 저항하거나 최소한 혼란을 느껴야 합니다. 이 분열적인 현실에 적응해 가며 수업 시간에 아이들 자습시켜 놓고 소모적인 문서 작업이나 해 대는 것이 자연스럽게 느껴지기 시작한다면, 치유가 필요한 시점입니다. 그러나 그 시점에 많은 교사들은 자기 치유의 길보다는 승진의 길을 가고자 합니다. 아이들을 소외시켜 가며 백해무익한 페이퍼 워크를 억지로 하는 입장에서 벗어나 그것을 시키는 입장에 서려 하는 것입니다.

일반인들의 상식적인 시각으로는 교직 사회에서 승진하는 사람이 뭔가 유능하고 또 헌신적인 교사일 것으로 생각할 것입니다. 그러나 한국의 교사에게 승진은 얼마나 유능한가 혹은 얼마나 아이들에게 헌신적인가가 아닌, 얼마나 잘 적응하는가에 달려 있습니다. 아시다시피, 승진 사다리에서 결정적인 것은 근평勤評과 벽지 점수입니다. 무능한 교사나 동료들의 지탄을 받는 교사라도 가학적인 관리자에 잘 적응하고, 산골짜기나 외딴섬에서 모진 물리적 조건과 심리적 고독을 잘 견디는 사람은 관리자가 될 수 있습니다. 반대로, 분열적인 교직 현실 속에서 혼란을 겪거나 사회적 모순이나 교육 모순에 민감한 교사는 이른바 '교포(교장 포기)'의 길을 가야 합니다.

승진이 교사가 갈 길이 아니라 믿지만, 그 길을 가는 교사들이 나쁘다고는 생각하지 않습니다. 예전에는 그랬습니다. 승진에 눈먼 교사치고 인간적으로나 교육적으로 호감이 가는 사람을 찾기 힘들었습니다. 그러나 지금은 교직 사회가 변해 가고 있습니다. 승진을 쫓는 분들 가운데 동료 교사들로부터 신망을 얻는 분들도 많습니다. 그러나 '교사 승진'과 관련하여 예나 지금이나 변함없는 철칙이 있습니다.

첫째, 인간의 열정은 결코 무한하지 않아서 한곳에 정신 팔려 있으면 다른 곳에 신경 쓸 마음의 여유도 의욕도 없어지는 것이 필연입니다. 교사가 승진을 꿈꾸면서부터 자신의 온 촉각이 교실보다는 교장실, 학교보다는 교육청으로 옮아 가게 됩니다. 이 같은 변화는 일종의 외도라 일컬어야 합니다. 부모 역할의 본질이 자식 사랑이듯이, 교사의 본분은 아이 사랑인 것입니다. 그런데 승진을 욕망하는 교사들은 자식 대신 자리를 위해 자신의 열정을 쏟으니 이 애정 행각은 외도라 규정함이 마땅할 것입니다.

둘째, 승진은 객관적인 점수를 필요로 하는 게임인 탓에 당사자는 가시적인 실적 거양을 위해 혼신의 노력을 기울여야 합니다. 눈에 보이지 않는 선행 따위는 무의미합니다. 그러나 교육의 속성상 바람직한 교육 실천은 결코 계량화할 수 없습니다. 그리고 교육의 결실은 즉각적으로 나타나지도 않습니다. 그래서 교육을 백년지대계라 일컫는 것이죠. 그런데 이 백년지대계의 사업 효과를 단시간에 가시적으로 드러내고자 애쓰다 보면 온갖 위선과 허구가 수반될 수밖에 없습니다. 승진에 필요한 대부분의 실적이 이렇게 얻어집니다. 이 과정에서 학생들이 피해를 입고 동료 교사들로부터 불편한 시선을 받게 되며, 무엇보다 자신의 영혼이 망가져 갑니다.

셋째, 승진은 제로섬게임이기 때문에 나의 행복은 이웃의 불행을 통해 얻어집니다. 소수 셋째 자리까지 점수에서 서열이 크게 뒤바뀌는 현실에서 학교장의 근평은 절대적입니다. '1등 수'를 받기 위해 교장, 교감을 상대로 한 치열한 충성 경쟁에서 이겨 내야 하며, 목적 달성을 위해 부적절한 거래가 오가는 것도 다반사입니다. 동료 교사의 피눈물을 대가로 자신의 승리를 쟁취하는 경우를 저는 많이 봐 왔습니다. 그 극단적인 예로 교실에서 목을 맨 여교사도 있었죠.

이처럼, 승진의 레이스에 뛰어드는 것은 아무나 할 수 있는 게 아닙니다. 이 소모적인 마라톤 풀코스를 완주하고서 '관리자'라는 면류관을 얻을 수 있을지 몰라도 잃는 게 너무 많지 않나요?

사람은 무엇으로 살아가는가?
교사는 무엇으로 살아가는가?

"사람은 무엇으로 살아가는가?"라는 물음에 대한 톨스토이의 대답은 '사랑'입니다. 지상에 유배된 천사 미카엘은 엄마 잃은 아이들을 사랑으로 키우는 부인을 보고 '사람은 사랑으로 산다'는 사실을 깨달았다고 말합니다. 그럼, 교사는 무엇으로 살아가는 것일까요? 아이들에 대한 사랑이 아닐까요? 전문직 종사자인 교사가 아이 사랑을 실천하는 길은 '가르침'을 통해서입니다. 새는 날기 위해 존재하고 교사는 가르치기 위해 존재합니다.

앨런 파커 감독의 영화 〈버디Birdy〉의 한 장면을 소개하면서 글을 맺겠습니다. 주인공 버디는 베트남 참전 용사로서 고국으로 돌아온 뒤 전쟁의 참상으로 인한 트라우마로 심각한 정신적 고통 속에서 나날을 보내고 있습니다. 바깥 출입은 전혀 하지 않고 온종일 집 안에 틀어박혀 오로지 새에 관해서만 집착하는 것이 그의 일상의 전부입니다. 주위 사람들은 버디에게 왜 그리 자나 깨나 새 타령이냐고 묻습니다. 이에 버디는 다음과 같이 대답합니다.

"새는 날 수 있잖아. 날면 그것으로 족해!"

교사가 돼서 교실에서 아이들을 가르칠 수 있으면 그것으로 족할 일이 아닙니까? 어떻게 교실을 벗어나 아이들 가르치기를 멈추는 것이 교사의 꿈일 수 있을까요? 승진을 꿈꾸는 순간부터 우리는 교사이기를 그칩니다.

의젓함의 상대성

줄곧 고등학교에서 근무하다가 중학교로 옮겨 1학년 담임을 맡게 된 어느 중등 선생님이 아이들이 칠칠치 못해서 속에서 천불이 난다는 푸념을 늘어놓으십니다. 툭하면 담임교사에게 와서 일러바치는가 하면, 쉬는 시간에도 잠시도 가만 있지 못하고 교실에서 장난치면서 뭘 깨뜨리고 해서 정신이 없었답니다.

그런데 우리 초등 교사에게 6학년 아이들은 어른입니다. 의젓하다 못해 어떨 때는 징글맞기까지 하죠. 고등학교 선생님은 또 고1이 애기 같다고 합니다. 나아가 대학교 1학년생에게서도 이러한 신입생 증후군을 엿볼 수 있을 겁니다.

초등학교에서는 의젓한 6학년이 중1이 되면 애기가 되고, 중3 때 교사 머리 꼭대기 위에서 놀던 학생이 고1이 되면 어설픈 풋내기가 되는 것은 왜일까요? 아이들의 발달 과정에서 보이는 이 기이한 퇴행적 현상은 "사회적 존재가 개인의 의식을 규정한다"는 논리로 설명이 됩니다. 마르크스에 따르면, 인간의 본질은 사회적 관계의 총화ensemble of social relationship입니다. 한 인간의 성장은 그가 맺는 사회적 관계망 속에서 어떤 역할을 떠안는가에 지대한 영향을 받게 되는 것입니다. 교사는 이 사회적 역할극의 총감독으로서 절대적 영향력을 행사하는 사람입니다.

Y초등학교 병설 유치원에 만 3~4세 반과 만 5~6세 반이 있었는데, 유치원 선생님들 말씀으로는 후자의 아이들은 어른 같답니다. 보십시오. 의젓하게 자리에 붙어 앉아 식사를 즐기는 '어른애'들의 모습을.

2부

아이들
덜 미워하기

생활지도, 이 중대한 오역을 바로잡아야

좋은 수업을 위해 교사가 힘쓸 것

실패의 교육론

학생 평가에 관한 고민

아이들 덜 미워하기 1

아이들 덜 미워하기 2

전략적 교사상, 페르소나

애타는 인내심

생활지도, 이 중대한 오역을 바로잡아야

교사에게 가장 중요한 두 본분은 수업과 생활지도입니다. 이 글에서는 생활지도에 관해 논하고자 합니다. 좋은 수업에 관한 것도 그렇고 교육에 관한 제 이야기의 대부분이 교육 현장에서 일반적으로 논의되는 통념을 벗어나 있다는 느낌이 들 수도 있을 것입니다. 좋게 말해 창의적인 글쓰기 혹은 혁신적인 교육 비평을 시도하고 있는 것이지만, 어떤 면에선 다소간에 주관에 치우치는 경향성이 있음을 인정합니다. 하지만 판에 박힌 이야기를 거부할지언정 일부러 상식을 비껴 가려 애쓰는 사춘기적인 반항 정신을 드러내고자 하는 뜻은 아니라는 사족을 남깁니다. 오히려 제 문제의식은 항상 상식적인 차원의 가치론에 터해 있음을 힘주어 말하고 싶습니다. 이 글의 주제인 생활지도에 대해서도 상식에 입각하여 이것이 교육 현장에서 얼마나 왜곡되어 다루어지고 있는가 하는 것을 논할 것입니다.

현장 교사들이 교장·교감 선생님으로부터 가장 많이 듣는 말이 생활지도일 겁니다. 중등학교에서도 아마 학력이라는 말과 이 말을 가장 많이 들으실 것이지만 초등에서 생활지도가 차지하는 비중은 거의 절대적입니다. 한데 교육학에서 말하는 생활지도와 현장의 교사 집단에게 각인된 생활지도가 개념적으로 완전히 다릅니다.

교육학 책에서 다루는 생활지도의 범주는 진로지도 외에 학생의 신체적 정신적 건강이나 원만한 교우 관계의 수립 따위에 관한 내용들로서 간단히, 학생 상담이라는 말로 요약되는 교육 실천들입니다. 그런데 현실 학교에서 통용되는 생활지도는 아이들 조용히 시키는 것이나 안전사고 안 나게 하는 것, 그리고 최근에 와서는 학교 폭력 예방 따위를 의미하고 있습니다. 그래서 어처구니없게도 코흘리개 어린아이들을 닦달해 가며 옴짝달싹 못하게 하는 식의 교사가 생활지도에 유능한 선생으로 인정받습니다.

어떤 교실 옆을 지나다 보면 쉬는 시간인데도 아이들 숨소리만 들리는 그런 학급이 있습니다. 슬프게도 그 선생님은 "해마다 내가 맡는 학급은 3월 한 달만 지나면 고시촌 분위기로 만들 수 있다"며 자랑삼아 말씀하시고는 합니다. 창백한 교육학 서적이 생활지도의 개념을 어떻게 설명하든 간에 바로 이 모습이 21세기 한국 학교의 자화상인 것입니다.

그러면, 교육학에서 말하는 생활지도의 개념과 실제 교육에서 이루어지는 생활지도 사이에 왜 이렇듯 현격한 차이가 있는 것일까요? 저는 무엇보다 최초 그릇된 언어 사용법에서 문제가 시작되었다고 보며 따라서 문제의 처방 또한 그것을 바로 잡는 것에서 출발해야 한다고 생각합니다.

생활지도란 개념은 인류 역사의 발전 과정상 특정 시기에 이르러 생겨난 산물입니다. 구체적으로 서구 산업사회의 도래와 더불어 청소년 학생들의 직업 진로 교육의 일환으로 생겨난 것입니다. 즉 생활지도는 물 건너온 개념이기에 그 개념이 최초에 어떤 어법으로 구성되어 있었던가를 따져 봐야 합니다. 쉽게 말해 영어와 우리말 번역문을 대조해 보자는 겁니다. 우리 교육학 책에서 소개하는 생활지도란 말의 원어는 'life guidance'입니다. 보시다시피, 이 외래의 개념이 원래는 '삶의 안내'인데 물 건너와서는 생활지도란 개념으로 변질되어 유통되고 있으며, 그것도 부족해 교육 현장에서는 지도가 아닌 사실상 통제로 둔갑하여 실천되는 점에서 문제의 심각성이 더해진다 하겠습니다.

'life guidance'에서 'guidance'라는 말을 최초에 누가 어떤 목적으로 '안내'가 아닌 '지도'란 말로 옮겼을까요? 그 정확한 이유는 알 길이 없지만, 아마 이 말은 일본 학자가 옮긴 것을 우리가 그대로 차용해서 현재까지 쓰고 있지 않나 싶습니다. 중요한 것은, 최초 일본 학자들에 의한 그 중대한 오역을 우리 교육학자들이 계승했다는 사실입니다. 아마도 그 이유는 일제강점기를 지나 군사독재 시대의 폭압적인 사회적 상황 속에서도 교육을 바라보는 관점이 크게 달라지지 않아 생활지도란 개념에 대해 별 문제의식을 품지 않았을 것으로 추측해 봅니다.

상식적으로도 guidance는 지도가 아닌 안내로 옮겨야 정상적인 번역입니다. 예를 들어, '여행 가이드'를 '여행 지도자'라 하면 이상하지 않습니까? 지도와 안내는 어감부터 다를뿐더러, 교육 사상사가 발전해 온 맥락에 비추어 볼 때 이 두 개념의 차이는 중요한 의미를 함축하고 있습니다. '지도指導'는 영어로 'direction'입니다. direction이라는 단어의 가장 흔한 뜻은 방향이죠. 그래서 지도라는 개념은 '(지도자의 주도하에) 학생들을 어떤 방향으로 몰고 간다'는 의미를 품고 있습니다. 반면, 안내는 그 방향 설정의 주체가 지도자(교사)가 아닌 학생(즉, 자기 삶의 주인)인 점에서 개념적으로 크게 다릅니다. 지도와 안내의 차이를 간단 명료하게 구별하자면, 마침표와 물음표의 차이라 하겠습니다. 마침표가 하고자 하는 말의 끝마침을 뜻하듯이 지도에서는 방향 설정이 화자에 의해 종결되는 반면, 안내는 청자에게 열어 놓고 있습니다. 간략히 말해, 지도가 "이리로 와."라면, 안내는 "뭘 도와줄까?"가 됩니다.

동서양을 막론하고, 인간 역사에서 어린이(현대적으로 청소년까지 포함해서)를 삶의 주체로 인정하기까지 참으로 오랜 시간이 걸렸습니다. 'life guidance'는 루소 이전의 시대에서는 생각할 수도 없는 개념이 었습니다. 루소 이후 몬테소리나 존 듀이에 이르러 '아동 중심 교육'이라는 교육 사조가 성립하면서 더불어 탄생한 개념인 것입니다. 그러나 21세기의 우리네 학교에서 'life guidance'는 생활지도로 옮겨지면

지도라는 개념은 존 듀이의 《민주주의와 교육》에서 가장 의미 있게 다뤄지고 있습니다. 교육학 명저로 알려진 한편 이 책은 읽어 내려가기가 어렵기로도 악명 높은데, 3장 '지도로서의 교육'부터 어려워집니다. 이 장은 특히 우리 한국인들에게 어렵게 다가올 것이라 생각하는데, 존 듀이가 말하는 지도(direction)와 우리의 지도(指導)라는 개념이 전혀 다르기 때문일 것입니다. 명사 direction의 뜻은 방향이며, 동사 direct는 '이끌다'라는 뜻입니다. 그래서 direction은 "교육자가 의도하는 방향으로 학생을 이끌어가기"란 뜻으로서 우리 개념으로는 '방향 제시'의 의미에 가깝습니다. 또한 듀이는 3장 첫머리를 교육의 본질을 구성하는 여러 개념으로 교사가 학생을 이끌어 가는 강압적 성격의 정도에 따라 통제(control), 지도, 안내(guidance)를 언급하는데, 지도는 통제와 안내 사이의 중간 지점에 위치해 있다고 합니다. 유념할 것은 존 듀이의 개념에서 'direction'은 물론 'control'에서도 훈육이나 강압의 의미는 전혀 없는 점입니다.
정리하면, guidance를 안내가 아닌 지도로 옮긴 것도 명백한 오역일뿐더러 그 지도(direction)라는 개념조차 교육철학에서 말하는 개념과 전혀 다르게 전근대적인 방식으로 우리 학교에서 통용되는 것이 문제인 것입니다. 우리 학교에서 생활지도는 훈육(discipline)에 가깝습니다.

서 전근대적인 개념 정립과 함께 그에 조응하는 식민지적 발상에 머물러 있는 것이 문제입니다.

삶의 안내가 생활의 통제로 둔갑하여 아이들은 물론 교사들도 대부분 그렇게 인식하고 있는 것입니다. 초등학교에 입학하자마자 복도에서 양손을 뒤로 한 채 발뒤꿈치를 들고 사뿐사뿐 걷는 1학년 아이들의 모습은 몬테소리가 말한 '나비' 바로 그것입니다. 100여 년 전 몬테소리는 교사의 딱딱한 지시대로 움직이는 아이들의 모습을 표본 상자 속에 핀으로 붙박은 나비에 비유하면서 당대의 억압적인 교육 현실을 슬퍼했습니다.

'life guidance'는 "실의에 빠진 아이의 손을 붙잡고 어깨를 두드려 주는" 그런 교사의 자세인데, 우리네 학교에서는 실내화 신고 바깥 출입 못 하게 하는 것이나, 약간이라도 개성을 발휘하는 청소년 학생의 복장을 단속하는 것으로 통용되고 있음에 통탄합니다. 이건 교육이라 할 수 없고, 최고로 좋게 봐서 훈육discipline도 아닙니다. 아동학대라 고백해야 합니다.

건강한 실천은 건강한 마인드에서 시작됩니다. 그리고 건강한 마인드는 건강한 개념 정립에서 출발합니다. 올바른 앎이 올바른 교육 실천을 이끄는 것이죠. 우리는 아는 만큼 아이들을 사랑할 수 있습니다. 이 글을 통해 생활지도 개념에 대해 다시 생각해 보는 계기가 되기를 바랍니다.

좋은 수업을 위해 교사가 힘쓸 것

교사는 학생을 교육하는 사람입니다. 교사가 실천하는 교육은 크게 지식 교육과 인성 교육으로 나뉩니다. 이 둘은 '수업'과 '생활지도'라는 용어로 바꿔 말할 수 있는데 이 두 가지가 교사의 본업에 해당합니다. 훌륭한 교사가 되기 위한 역량이나 자질은 이 두 가지에 관한 것이 전부라 해도 틀리지 않을 겁니다. 이 둘 가운데 우선 수업에 대해서 생각해 보겠습니다.

우리 직분인 수업과 관련하여 한 교사의 역량을 평가할 때 교육 전문가의 위치에 있는 분들의 평과 학부모 또는 학생의 평이 다를 수 있습니다. 장학사나 연구사들로부터 호평을 받고 '수업 명인' 따위의 타이틀을 자랑하는 교사의 수업이 학생들로부터는 인정을 못 받는가 하면, 수업과 관련한 아무런 실적이 없는 교사가 학생과 학부모로부터 유능한 교사로 인정받는 경우를 왕왕 보게 됩니다.

교사의 수업 능력에 관한 이러한 관점의 차이는 어디에서 오는 것일까요? 이것이 전문가와 비전문가의 차이일지라도, 그 전문가적 관점이 학생의 소박한 관점에 비해 반드시 정통하다고 볼 수는 없습니다. 저는 오히려 전자보다 후자의 관점이 더 힘 있는 사실성을 담보할 것이라 생각합니다. 그 이유를 밝히는 것이 수업에 관해 제가 품는 문제의식의 전부라 하겠습니다. 그 인과관계의 배후에 있는 리얼리티를 솔직 담백하게 조명함으로써 진정한 수업 전문가가 되기 위해 젊은 교사들이 어떤 노력을 기울여야 하는가 하는 결론에 도달할 수 있으리라 봅니다.

수업에 관한 전문가의 관점보다 학생의 관점이 더 정확할 수 있는 가장 중요한 근거는 전자의 관찰은 일회적인 반면 후자의 경우는 늘 이루어진다는 것입니다. 이 맥락에서 수업 공개의 허구성이 지적되어야 합니다. 한두 차례의 수업 시연을 통해 한 교사의 총체적 수업 역량 외에 교육자적 자질이나 헌신성을 측정하는 것은 불가능합니다. 또한 공개 수업이라는 특수한 상황 탓에 평소에 좋은 수업을 하는 교사가 심리적 압박감으로 인해 위축된 수업을 할 수도 있고 또 그 반대의 경우도 생각할 수 있는 것입니다. 그러나 상시적으로 교사의 수업을 경험하는 학생의 입장에서는 교사의 일회성 쇼맨십에 영향을 받지 않을 겁니다.

교사의 수업을 보는 두 관점의 차이는 "수업을 잘하는가"와 "잘 가르치는가"의 차이로 요약될 것입니다. 공개 수업 따위에서 '수업 전문가'들이 수업자를 평가하는 시선은 대개 수업을 얼마나 매끄럽게 진행해 가는가에 초점을 맞춥니다. 반면, 학생들의 관심사는 "얼마나 알기 쉽게 가르치는가?" 하는 것이지요. 간략히 말해 전자는 수업의 형식에, 후자는 수업의 내용에 포커스를 둔다고 말할 수 있겠습니다.

물론, 수업을 잘하는 것과 잘 가르치는 것이 별개일 수 없습니다. 문제는 공개 수업에서 다루는 수업 제재가 임의로 주어지는 것이 아닌 수업자가 제일 자신 있는 걸로 선정한 것이기에 '얼마나 알기 쉽게 가르치는가'와 관련한 일반성, 즉 내용적 측면은 은폐되고 수업의 형식적 측면이 부각될 수밖에 없다는 것입니다. 그러나 매일 수업을 받는 학생은 해당 교과목에 관한 교사의 보편적인 수업 역량을 정확히 인지할 수 있습니다.

결국, 교사의 수업 역량에 관한 가장 정확한 시선은 학생의 몫이라 하겠습니다. 교사가 수업을 잘한다 못한다 하는 것은 그리 정교한 전문가적 식견을 동원할 필요 없이 상식적 차원에서 생각할 수 있는 것입니다. 그것은 한마디로, 해당 교과에 대한 총체적인 지적 역량이라 하겠습니다. 그래서 저는 수업 기술이라는 개념을 믿지 않습니다. 좋은 수업이 과연 테크닉이나 전략·전술의 문제일까요? 그런 것들은 단지 부착적인 문제일 뿐입니다.

유능한 음악 교사가 되기 위해선 유능한 음악적 자질을 지녀야만 합니다. 그것은 상식적 차원의 음악적 역량이지 수업 기술의 문제일 수는 없습니다. 훌륭한 영어 교사가 되기 위해선 영어와 관련한 총체적 역량을 키울 일입니다. 영문법 실력이나 어휘력이 빈곤하거나 발음이 안 좋은 영어 교사가 수업 테크닉이 뛰어난들 어찌 유능한 영어 수업을 할 수 있겠습니까?

물론, 똑같은 역량을 가졌더라도 보다 쉽고 재미있게 가르치는 교사가 있을 수 있습니다. 하지만, 그러한 기술적 측면조차 교과에 대한 심오한 이해력이 형성될 때 부수적으로 따라옵니다. 한 분야에 대해 정통한 지적·정의적·심동적 역량을 지닌 교사는 수업 설계를 효율적으로 하여 학생들에게 쉽고 재미있는 가르침을 줄 수 있습니다.

교사에게 수업보다 더 중요한 본분은 없습니다. 우리는 더 나은 수업을 위해 부단히 노력해야 합니다. 자신의 수업을 스스로 모니터링하며 수업을 분석하고 반성하는가 하면, 혁신적인 수업 모형이나 수업 이론을 섭렵하기 위한 자기 연찬을 게을리하지 말아야 합니다. 이러한 노력들은 교사에게 필수적으로 요구되는 자세라 하겠습니다. 그러나 훌륭한 수업을 위해 더욱 근본적으로 중요한 자질이 있는데 유감스럽게도 현장에서는 이것을 간과하는 경향성이 있습니다. 이 자질의 중요성을 역설하는 전문가를 잘 볼 수 없습니다.

고금을 막론하고 스승으로서 훌륭한 가르침을 실천하기 위해서는 스스로 배움을 게을리하지 않는 자세가 가장 중요하다고 생각합니다. 수업의 명인이 되기 위해서는 수업 기술을 고민하기보다는 삶을 고민해야 합니다.

교사 자신의 삶과 학생이 처한 삶, 한마디로 이 세계를 더욱더 정확히 바라보는 관점을 길러야 합니다. 수업 연구 실적을 쌓기보다는 책을 많이 읽어 교양을 쌓아야 합니다. 교과를 이해하기 위해서는 교과에 대한 안목을 넓혀야 합니다. 사회 교과를 가르치기 위해 사회 교과서만 연구할 것이 아니라 사회과학에 대한 폭넓은 소양을 길러야 합니다. 이러한 소양은 단기간에 길러지는 것이 아니며 교직 생애 평생토록 분투해야 할 문제입니다.

33년 교직에 몸담은 한 역사 교사가 공개 수업을 했습니다. 수업은 성공적으로 이루어졌고 많은 참관인들로부터 호평을 받았습니다. 수업 후에 이웃 학교의 한 교사가 물었습니다. "당신은 이 훌륭한 수업을 준비하는 데 몇 시간을 들였나요?"라고 말이죠. 역사 교사는 대답했습니다. "나는 평생 이 수업을 준비했고 모든 수업을 평생 준비합니다." 수호믈린스키의 책 《선생님들에게 드리는 100가지 제안》^{바실리 알렉산}

드로비치 수호믈린스키 지음, 수호믈린스키 교육사상연구회 옮김, 고인돌, 2010에 나오는 이야기입니다. 수호믈린스키는 평생토록 수업을 준비하기 위해 교사가 노력할 바에 대해 다음과 같이 적고 있습니다. 다소 길지만 아래 인용한 글귀 속에 수업에 관해 내가 말하고자 하는 모든 것이 함축되어 있습니다.

이 준비는 어떻게 하는 걸까? 그것은 바로 독서다. 날마다 책을 읽으면서 한평생 책과 사귀어야 한다. 졸졸 흐르는 시냇물은 하루도 멎지 않고 흘러서 사상의 바다로 들어간다. 독서는 내일의 수업을 위해서가 아니라 교사의 내면적 필요와 향학열에서 나온다. …… 당신이 가르치는 학문 영역에서 교과서에 담겨 있는 지식은 일차적인 것이 돼야 한다. 당신이 학생에게 가르치는 교과서의 기초 지식은 당신의 학문 지식이라는 큰 바다 속에 있는 작은 물방울이 돼야 한다. …… 우수한 교사의 강의 능력은 늘 독서하면서 쉼 없이 지식의 바다를 채움으로써 높아진다. …… 이 모든 것이 독서로 달성된다. 교과서라는 물방울은 세월이 한 해씩 지나감에 따라 교사라는 큰 바다 속에서 더욱 작아질 것이다. 여기서 이론적 지식의 양이 늘어 가는 것만이 아니다. 양은 질로 바뀐다. 자그마한 빛발들이 모여 더 선명한 빛을 만들어 내는 것처럼, 교과서에 들어 있는 배경지식이 넓을수록 교수 능력의 기초가 되는 직업적 자질은 더욱 빛을 발할 것이다. 《선생님들에게 드리는 100가지 제안》 23~24쪽에서

실패의 교육론

 이 세상에서 우리보다 학생들에게 공부를 많이 시키는 나라는 없을 겁니다. 학습 노동량 측면에서 한국은 단연 으뜸입니다. 그 결과 한국 학생은 성적은 최상이지만 공부에 대한 흥미는 최하로 나타나고 있습니다. 학교에서 느끼는 학생들의 행복 지수가 OECD 국가 가운데 제일 낮다고 합니다. 행복도가 낮을 뿐만 아니라 지금 우리 학교는 교실 붕괴라는 말로 요약되듯이 심각한 위기에 처해 있습니다.

 이 모든 불상사가 빚어진 근본적인 이유는 치열한 경쟁을 근간으로 하는 입시 위주의 교육 시스템에 있기 때문에, 이 낡은 교육제도를 혁파하지 않으면 치유가 불가능할지도 모릅니다. 그러나 우리 교사들이 구조적인 모순을 탓하며 최선의 교육을 위한 개인적 차원의 노력을 게을리할 수는 없습니다. 사회구조의 혁신 없이 학교는 바뀌지 않으며, 학교의 혁신 없이는 교실의 혁신도 불가능합니다. 하지만 거꾸로, 구조의 혁신이 이루어진들 교사가 자기 혁신을 외면하면 교육은 바뀌지 않습니다. 교육은 결국 교사의 손끝에서 이루어지기 때문입니다.

 자기 혁신의 첫걸음은 관점의 전환에 있다고 봅니다. 우리 아이들이 공부에 흥미를 못 느끼고 학교에서 행복을 못 느끼는 이유를 알고 그것을 개선하기 위해 교실 또는 학교 차원의 교육의 담지자로서 교사가 지녀야 할 가장 절실한 것이 '실패를 바라보는 관점'이라 생각합니다.

훌륭한 교사는 실패를 금과옥조로 여깁니다.

우리의 삶은 수많은 실패와 성공으로 점철되는데, 대개 참된 성장은 성공보다는 실패를 통해 이루어집니다. 위대한 성공은 길고도 쓰라린 실패의 산고를 통해 열매를 맺는 경우가 많습니다. 발명왕 에디슨은 전구 하나를 만들기까지 400번이 넘는 실패를 경험했다고 합니다. 하지만 에디슨은 "400번의 실험은 결코 실패가 아니며 단지 전구가 켜지지 않는 400가지 사례를 발견했을 뿐"이라는 말을 남겼습니다. 에디슨의 의미심장한 이 말로부터 실패의 교육적 의의에 대해 곰곰이 생각해 볼 필요를 느낍니다.

실패 없는 삶은 있을 수 없습니다. 나아가 실패는 성공의 어머니라는 에디슨의 말처럼 실패는 성공을 위한 필수불가결의 조건이기도 합니다. 에디슨의 경우처럼 실패가 없으면 성공도 없는 것입니다. 현명한 교사라면 실패를 교육적으로 잘 활용하는 안목을 지녀야 합니다. 학생이 실패로 좌절하지 않고 오히려 실패로부터 배우도록 해야 합니다. 학생이 실패한 이유를 스스로 깨닫게 하고 실패에 대해 지나친 회한에 빠지지 않게 하며 다음에는 더 나은 방향으로 또 실패할 수 있는 용기를 불어넣어 줘야 합니다. 학생의 삶은 물론 교사의 교육 실천에서도 이런저런 실패는 불가피합니다. 그러나 학생의 실패에 대해서는 봄바람처럼 대하되, 자신의 작은 시행착오에 대해서는 가을 서릿발처럼 스스로를 꾸짖는 성찰적인 태도가 요구됩니다.

훌륭한 교사는 자신의 실패를 기억하는 사람입니다.

교사도 교사가 되기 전에 학생이었습니다. 학생 시절 교사가 겪은 실패 경험은 훗날 교사가 되어 최선의 가르침을 위한 훌륭한 자양분으로 작용합니다. 이 경험을 기억하는 것은 정말 중요합니다. 생활지도는 물론 학습지도에서도 그러합니다.

학습과 관련하여 학생들이 난관에 부딪히는 지점은 대개 교사 자신도 어린 시절에 똑같은 곤란을 겪었던 것일 가능성이 많습니다. 유능한 교사는 어릴 때 자신이 그 문제를 어렵게 푼 이유를 기억해야 합니다. 실패의 지점을 기억하고, 그 소용돌이 속에서 빠져나올 수 있었던 계기를 기억해야 합니다. 그것에 맞춰 교수법을 강구할 때 최고의 가르침이 이루어집니다. 그런 배움을 받은 학생은 "우리 선생님, 최고!"라며 교사에 대한 신뢰와 존경을 품습니다.

기타를 잘 치는 이십 대 청년이 있었습니다. 기타를 배우고자 하는 어떤 선생님에게 그 청년을 소개시켜 줬는데 그분의 기타 실력이 잘 늘지 않았습니다. 그래서 하루는 강습 현장에 가서 청년의 가르침을 지켜보았습니다. 예상대로 그 청년의 교수법에 문제가 있었습니다. 그것은 '학습자가 무엇을 힘들어하는지 왜 실패하는지를 생각하지 않는 것'으로 요약됩니다. 학습자의 실패는 분명 과거에 자신도 겪었을 것인데, 청년은 자신의 실패를 기억하지 못하는 것이었습니다. 그래서 그는 훌륭한 연주자일지언정 훌륭한 선생은 아닌 것입니다. 지적 역량과 가르침의 역량은 별개의 문제임을 실감했습니다.

훌륭한 교사는 실패자의 편에 서서 그의 피난처가 되어 줍니다.

교단에서 우리는 성공에 웃고 실패에 우는 수많은 제자들을 마주하게 됩니다. 누군가 웃을 때 다른 누군가는 울게 되는 숙명의 제로섬게임에서 교사는 짚신 장수 아들과 나막신 장수 아들을 둔 어머니와도 같은 딜레마를 피할 수 없습니다. 시험 또는 평가가 절대적 비중을 차지하는 중등학교에서는 물론, 초등학교에서도 교사는 이 딜레마를 벗어나기 힘듭니다. 이를테면 조회 시간에 상 받는 아이는 매번 정해져 있는데 소수의 그런 아이들을 위해 박수만 쳐 대는 절대 다수의 아이들의 심정이 어떠할지, 그리고 이러한 프로그램(학교 교육과정)이 교육적으로 합당한 것인지 고민하게 됩니다. 이처럼 우리의 학교 교육 시스템은 소수 학생들의 성공을 위해 다수의 학생들로 하여금 들러리 서서 패배와 좌절의 쓴맛을 보게 하는 잔인한 구조가 아니라고 말하기 힘듭니다. 소수의 엘리트들을 위해 평범한 학생들이나 열등생들은 소외되는 것입니다.

교육혼이라 함은 이 소외된 아이들에게 따뜻한 시선을 보내는 정신이라 생각합니다. 늘 승리하는 학생들은 교사가 따로 배려하지 않아도 제 갈 길을 잘 헤쳐 나갈 이들입니다. 그러나 현실 속의 학교는 그 반대입니다. 성취한 아이들에게는 칭찬과 격려를 지나치게 많이 하는 반면, 실패하는 아이들을 위한 어떤 배려를 엿보기 힘듭니다.

교문 위에 서울대에 몇 명 입학시킨 것을 자랑하는 현수막은 널려 있어도 그 이면에 얼마나 많은 패배자들이 그늘진 곳에서 고개를 떨어뜨리고 고뇌하고 있는가에 대해서는 아무 말이 없습니다. 건강한 자에게는 의원이 필요 없나니, 교사의 존재 이유는 실패하는 학생들에게 있습니다. 루저를 끌어안는 교사, 이들에게 따뜻한 피난처가 되어 주는 교사가 진정한 스승입니다.

훌륭한 교사가 되기 위해 쓰라린 실패와 좌절을 경험해 볼 필요가 있습니다.

실패에 좌절하는 아이, 이런저런 한계상황에 봉착해 삶의 의지를 상실한 아이에게 교사가 해 줄 수 있는 최선은 '공감'을 보여 주는 것이라 생각합니다. 카운슬링의 기본은 내담자의 이야기를 들어 주는 것이지 이래라저래라 지시하는 것이 아니죠. 힘든 삶에 지칠 대로 지쳐 있는 아이에게 필요한 것은 위로와 공감이지 충고는 아닙니다.

비 맞는 사람을 돕는 최선은 우산을 씌워 주는 것이 아니라 우산을 버리고 함께 비를 맞는 것이라 합니다. 공감은 공감대가 형성이 돼야 제대로 작동될 수 있는 바, 최선의 공감대는 같은 입장이 되어 보는 것입니다. 교사가 돼서 "예전에 나도 그런 적이 있었다"는 진심 어린 한마디 말을 해 줄 수 있는 입장이라면 더할 나위가 없을 것입니다. 학생과 같은 입장이 되어 본 적이 있다고 말할 수 있는 교사는 최고의 카운슬러가 될 수 있습니다.

영화를 즐기시는 분이라면, 이 맥락에서 로빈 윌리엄스와 맷 데이먼이 주연을 맡은 〈굿 윌 헌팅〉의 한 장면을 떠올리실 겁니다. 난폭한 계부로부터 잦은 학대와 폭력에 시달리는 반항적인 아이 윌 헌팅(맷 데이먼 분)에게 "나 같으면 허리띠를 택하겠다. 너는 뭐로 맞았니?"라고 화답하는 숀 교수(로빈 윌리엄스 분)에게서 우리는 학생 카운슬링의 전범을 봅니다.

이 대목에서 누구에게도 좀처럼 마음의 문을 열지 않던 윌 헌팅의 응어리진 감정이 활화산처럼 분출합니다. 울음을 터뜨리며 진정한 멘토의 품에 안기자 숀 교수는 "네 잘못이 아니야…… 네 잘못이 아니야……"라고 하며 같이 울어 줍니다. 교육이 있기 전에 만남이 있다는 말을 실감하게 되는 이 감동적인 한 장면은 '만남'이 성립하기 위해 교사의 쓰라린 경험이 갖는 교육적 의의를 생생하게 설명해 주고 있습니다.

숙제를 잘 해 오지 않는 아이들을 보면 이해를 못 하겠다는 선생님을 본 적이 있습니다. 자신은 어릴 때 숙제 안 하고서 학교 가는 걸 상상도 못 했는데 그 아이들은 그렇지 않다는 거죠. 학창 시절 그분의 삶은 모범 그 자체였을 겁니다. 실제로 교직 생활에서도 매우 모범적인 분이었습니다. 그러나 완전한 교사는 없는 법이어서 모범적이기만 한 그분에게서 어떤 아쉬움을 느꼈습니다.

인간은 자신의 경험치만큼 사물을 이해할 수 있습니다. 가난과 배고픔을 겪어 보지 못한 마리 앙투아네트가 프랑스 민중의 절규를 이해할 수 없었듯이, 학창 시절 농땡이를 피워 본 적이 없는 범생이 출신 교사는 이른바 문제아를 이해하기 힘들 겁니다. 한 번쯤 야간 자율학습 빼먹고 재밌는 영화 보러 가는 즐거움과 스릴을 경험해 본 적 없는 교사, 다람쥐 쳇바퀴 도는 일상을 벗어나 벗과 함께 일탈을 누리는 쾌락과 가치에 대해 이해를 못 하는 교사, 그러한 과거를 기억하지 못하거나 아예 그런 일탈을 경험해 본 과거사를 지니지 못한 교사는 훌륭한 교사로 성장하는 데 한계가 있을 것이라는 생각을 조심스레 남겨 봅니다.

교사의 존재 이유는 온전한 아흔아홉 마리 양보다는 길 잃은 한 마리 양에게 있습니다. 건강한 사람에게는 의사가 필요 없듯이, 모범적인 아이보다는 실패하는 아이, 날마다 좌절하고 삶의 의욕을 잃어

가는 아이가 교사의 존재 이유입니다. 이게 제가 말한 '실패의 교육론'의 핵심인데, 이는 결코 허황한 이상론이 아닙니다. 우리는 20분마다 1명씩 스스로 목숨을 끊는 사회에 살고 있습니다. 그중 상당수가 꽃다운 나이의 학생들입니다. 성적 비관으로 죽고 학교 폭력에 시달리다가 죽음을 선택합니다. 여린 성격의 소유자들은 조용히 스스로 세상과 등져 가지만, 거친 아이들은 사회에 나가서 어떻게 될까요? 대구 지하철이나 숭례문 화재 사건에서 보듯, 우등생 백 명보다 반사회적 아웃사이더 한 명을 만들어 내지 않는 게 실용적으로도 훨씬 덕 되는 일 아닐까요?

실패하는 아이, 성공과 거리가 먼 루저들을 떠안는 교육론……. 그 늘진 곳에서 홀로 의기소침해 있는 아이들, 학교라는 울타리 내의 사회적 약자에 해당하는 작은 아이들을 위한 교육 담론이 활발히 논의되는 교육 현장을 소망해 봅니다.

학생 평가에 관한 고민

학기 말을 맞아 생활기록부에 학생 발달 사항에 대해 그간 우리 교사들이 관찰하고 측정해 온 결과를 입력하면서 문득 어떤 생각이 스쳐 옵니다. '이 결과를 기록으로 남기는 게 맞는가?' 하는 것입니다. 모든 것은 변한다는 것이 만물의 기본 속성이죠. 헤라클레이토스의 말대로 우리는 같은 강물에 두 번 발을 담글 수 없습니다. 모든 것은 지나가고 변화합니다. 그래서 우리는 사람을 함부로 평가해서는 안 됩니다. 평가하는 순간 이미 그 사람은 변해 있을 것이기 때문입니다.

사람은 변하기 때문에 함부로 평가해서는 안 된다는 금언은 개인의 자질뿐만 아니라 지적 능력에 대해서도 똑같이 적용됩니다. 수행 평가라는 것이 그러합니다. 이를테면, '자와 컴퍼스를 이용하여 정삼각형 그리기'라는 평가 문항에서, 5월 평가 시점에는 성취 수준에 도달했던 학생이 학기 말인 지금도 그러하리라는 보증이 있을까요?

안 그럴 가능성이 많습니다. 특히 영어 같은 교과에서 3월 초 1단원에서 익힌 단원 핵심 문장을 학기 말에도 기억하고 있을 가능성은 희박합니다. 또한 그 반대의 경우도 생각할 수 있습니다. 즉 평가 시점에서는 목표에 도달하지 못하더라도 학기 말에는 도달해 있는 학생이 있을 수 있습니다. 그럼에도 그 학생의 평가 결과는 '미흡'으로 매겨져 NEIS에 기록되고, 학기 말 또는 학년 말 통지표에 "자와 컴퍼스를 이용한 정삼각형 그리기 기능 미흡함"이라고 학부모에게 통보됩니다.

학생 평가와 관련하여 이러한 불합리가 발생하는 이유는 기존의 평가 체제가 "현재의 학생 발달 수준"에 초점을 맞춰 치러지는 정적 평가static assessment 형식을 취하기 때문입니다. 이러한 문제점을 극복하기 위해 비고츠키 학자들에 의해 연구·개발해 오고 있는 역동적 평가dynamic assessment에 주목할 필요가 있습니다. 역동적 평가와 정적 평가가 어떻게 다른지, 정적 평가에 비해 역동적 평가가 어떤 장점이 있는지 기성 이론에 제 생각을 곁들여 정리해 보겠습니다.*

우선, 역동적이니 정적이니 하는 용어에 대한 오해의 소지가 있음

비고츠키는 38세의 젊은 나이에 요절했기 때문에 그의 천재적인 아이디어들은 상당 부분 그의 사상 체계를 따르는 후학(Vygotskian)들에 의해 계승 발전해 오고 있습니다. 역동적 평가라는 용어를 맨 처음 사용한 학자는 포이어슈타인(Feuerstein)인데, 이 개념은 여러 학자들에 의해 상호작용 평가(interactive assessment), 학습 잠재력 평가(learning potential assessment), 근접발달영역 평가(evaluation of the zone of proximal development), 매개된 평가(mediated assessment) 등의 다양한 용어로 사용되고 있습니다.
근접발달영역(Zone of Proximal Development, ZPD)이란 학습자가 독자적으로 문제를 해결할 수 있는 수준(하한계)과 성인 또는 더 나은 또래의 도움을 받아 해결할 수 있는 잠재적 발달 수준(상한계)과의 간극으로 정의됩니다. 모든 학습은 이 하한계와 상한계 사이에 있는 영역(근접발달영역)에서 이루어지기 때문에 ZPD의 교육적 중요성은 절대적입니다. ZPD의 개념에 비추어 볼 때, 학습은 본질적으로 개별화를 지향해야 합니다. 또한 교사는 학생 개개인의 ZPD를 정확히 파악하고서 효율적인 교수 방법을 통해 ZPD의 영역을 끊임없이 확장해 가야 합니다.

에 유의해야 합니다. 보통 역동적이란 낱말은 '힘차고 활발하게 움직이는'이란 뜻으로 쓰고 정적은 그 반대의 상태인 '고요한'이란 뜻입니다. 그러나 역동적 평가와 정적 평가는 활발함의 정도와는 아무 관계가 없습니다. '역동적'이란 움직이는 성질, 즉 운동성을 말하고 정적이란 운동성이 결여된 상태로서 '정지된' 또는 '고정된'의 의미입니다. 쉽게 말해, 둘의 차이는 동영상과 스틸 사진의 차이와도 같습니다.

정적 평가는 특정 시점에 산출된 학생의 일시적 역량을 측정하는 점에서 매우 협소한 정보만을 제공할 뿐입니다. 반면, 역동적 평가는 결과보다는 과정에 초점을 두고서 학생의 점진적 발달 상태를 관찰하고 측정합니다. 헤겔이 "진리는 전체다"라는 말을 남겼는데, 인간적 자질이든 지적·심동적 역량이든 한 인간의 진면목에 대한 평가는 오직 역동적 관점으로 접근할 때만이 가능할 것입니다.

정적 평가는 어린 학생이 성인의 지원과 보조 없이 독립적으로 수행할 수 있는 것만을 측정합니다. 다시 말해 완전히 발달된 역량을 측정하는데, 비고츠키 학자들은 이런 평가는 근접발달영역의 가장 낮은 수준에 속한 정보만을 제공하기 때문에 학생의 능력을 과소평가하는 위험이 있다고 합니다. 이를 보완하기 위해 역동적 평가는 학생의 독립적 수행 능력과 지원을 받아 할 수 있는 능력 모두를 밝혀내고자 합니다. 이 두 가지를 동시에 측정할 때만이 올바른 평가가될 수 있다는 거죠.

* 다음 책들을 참고했습니다.
   L. S. 비고츠키 지음, M. 콜 외 엮음, 정희욱 옮김, 《마인드 인 소사이어티》, 학이시습, 2010.
   한순미 지음, 《비고츠키와 교육》, 교육과학사, 2007.
   엘레나 보드로바·데보라 리옹 지음, 박은혜·신은수 옮김, 《정신의 도구》, 이화여자대학교출판부, 2010.

실감 나는 한 예로 보드로바와 리옹은 평균대 위를 걷는 능력에 관한 두 여자아이의 경우를 언급하고 있습니다.《정신의 도구》92쪽 두 아이는 모두 혼자 힘으로는 평균대를 걷지 못하는 점에서는 같습니다. 하지만 한 아이는 교사의 손을 잡고 걸을 수 있지만 다른 아이는 교사의 도움을 받고서도 걷지 못합니다. 현재의 독립적 수행 능력만을 측정하는 정적 평가에 따르면 두 아이 모두 수행 능력이 제로에 해당하겠지만 역동적 평가 결과는 다릅니다. 상식적으로 두 아이를 동일하게 0점 처리하는 것은 불합리하겠죠. 이처럼 역동적 평가는 상식에 좀 더 가까운 진단이라 하겠습니다.

정적 평가는 학생의 독립적인 역량을 측정하기 때문에 학생 상호 간은 물론 학생과 교사의 여타 상호작용까지도 차단하고자 합니다. 심지어 학생이 시험문제의 뜻을 몰라서 교사에게 질문하는 것도 금기시하고는 합니다. 선발을 목적으로 하는 평가라면 몰라도 초등학교에서 그런 점이 공정성 시비로 거론되는 자체로 그 평가 방식은 교육적이지 못하다 하겠습니다. 사실, 평가에서 사용되는 문장들은 아이들의 일상생활에서 잘 접하기 힘든 낯선 문체로 이루어져 있기 때문에 시험문제를 많이 풀어 보지 않은 어린 학생들은 문제의 뜻을 몰라서 문제를 해결 못 하는 경우가 많습니다. 역동적 평가에서는 학생이 지닌 학습 잠재력을 어떻게든 최대한 펼치도록 돕기 때문에 공정성의 시비가 발생할 이유가 없습니다. 학습자에게 익숙하지 않은 모호한 물음으로 그들이 지닌 심층적인 잠재적 능력을 측정하겠다는 발상이야말로 비합리적이고 공정하지 못한 것이지요.

역동적 평가도 몇 가지 면에서 한계를 지닙니다. 그 가장 큰 난점은 교육 실천 속에서 실행의 어려움입니다. 역동적 평가는 IEP(학생 개별화 교육 프로그램)가 일상적으로 이루어지고 있는 특수교육 영역 외의 일반 학급에서는 전면적인 실행이 거의 불가능한 실정입니다. 또한 학계에서는 역동적 평가에 관한 대부분의 연구들이 읽기와 쓰기의 국한된 영역에 초점을 두고 있는 점이 한계로 지적되고 있습니다.《정신의 도구》, 376쪽 그럼에도 비고츠키 학자들이 제안하는 역동적 평가 개념은 우리 학교교육의 담지자들에게 신선한 충격과 함께 시사하는 바가 큽니다. 따라서 현장 교육 주체들이 역동적 평가의 의의를 되새기며 단위 학교 또는 교실 차원에서 실현 가능 영역을 점차 확대해 가며 실천하려는 의지와 비전을 갖는 것이 중요하다 하겠습니다.

무엇보다, 평가에 대한 발상의 전환이 필요합니다. 상식적으로 평가가 교육을 위해 존재하지 교육이 평가를 위해 존재하는 것은 아닙니다. 그러나 종래의 평가 체제에서는 이게 거꾸로 돌아갑니다. 학교에

이와 관련하여, 제가 초임으로 발령 받았을 때인 1988년에 겪은 흥미로운 일화를 소개하고자 합니다. 자가용이 드물었던 그 시기에 시골에서는 유용한 교통수단으로 DH-88(일명 팔팔)이라는 오토바이가 각광을 받았습니다. 배기량이 88cc밖에 안 되는 팔팔은 기존의 125cc 오토바이에 비해 몸체도 가벼울뿐더러 시동이나 기어 조작이 간편해 누구나 손쉽게 탈 수 있어서 시골집치고 이 오토바이가 없는 집이 없을 정도였습니다. 그러나 팔팔을 이용하는 대부분의 사람들이 무면허여서 경찰 측의 입장에서는 큰 골치였습니다. 그래서 경찰서에서 이들에게 면허를 부여해 주기 위해 간편한 운전면허 시험을 치르게 하였습니다. 문제는 응시자들의 대부분이 연세 지긋한 어르신들이었는데 이분들 가운데 문맹자도 있고 또 글을 아는 분들도 "다음 중 ~가 아닌 것은?"이라는 시험지 문체에 익숙치 않아서 절대 다수가 낙방을 할 형편이었습니다. 그래서 시험 감독을 하던 경찰관이 문제를 읽어 주는 것은 물론 물음의 문맥과 출제자의 의도를 구두로 어르신들에게 안내해 주었습니다. 이것은 전형적인 역동적 평가의 한 예라 하겠습니다. 경찰관의 도움을 받아 어르신들이 대부분 합격할 수 있었는데 그렇다고 이 시험이 공정치 못했다거나 수험생들이 면허를 받을 자격이 없는 것도 아니었습니다. 그분들은 일상에서 원동기의 운행에 관한 웬만한 지식을 실천적으로 이미 터득해 있는 상태였습니다. 이런 분들에게 정적 평가의 엄밀한 잣대를 적용해 운전면허를 부여하지 않을 이유가 없는 것입니다.

서 실행하는 대부분의 시험은 시험 출제자인 교사와 시험을 치르는 학생들 간에 펼치는 집요한 숨바꼭질과도 같습니다.

선발을 목적으로 삼는 공무원 취업 시험 따위라면 몰라도, 학교 평가에서 교사가 시험문제 속에 답을 꼭꼭 숨겨 두고 학생이 힘겹게 정답을 찾는 식은 교육적으로도 합당하지 않습니다. 평가는 그것을 통해 교사와 학생에게 더 나은 교수-학습 활동을 위한 계기로 기능할 때만 교육적 의미를 갖습니다. 학생의 서열을 매겨 불필요한 경쟁을 조장하는 시험이나 학습력이 상대적으로 부진한 학생들을 주눅 들게 하는 시험은 지양되어야 합니다.

학업 대열에서 낙오된 학생들에게 문제 해결 의지와 성취 의욕을 북돋우기 위한 교육적 처방으로 최소 수준이나마 개별화에 기반한 역동적 평가가 절실히 요구됩니다. 이러한 평가 과정을 통해 학생은 교사의 도움을 받아 근접발달영역을 점진적으로 향상해 나갈 수 있으며, 교사 또한 개별 학생에게 특정 시점에 필요한 유용한 교수 전략에 대한 정보를 제공받을 수 있습니다. 다시 말해, 평가를 통해 학생과 교사가 함께 발전하는 것입니다.

우리 교육 현장에서 역동적 평가가 자리하기 위해서는 학력과 배움에 관한 건강한 개념이 정립되어야 할 것입니다. 배움 또는 공부의 목적은 삶을 위한 것이어야 합니다. 세계에서 학생들이 가장 적은 시간 공부를 하는데도 가장 우수한 학력을 자랑하는 핀란드 교육의 비결은 '학생들이 자신의 인생에 필요한 지식을 스스로 구하고 구성해 가는 것'에 있다고 보고되고 있습니다. 핀란드 교육 위원회는 PISA에서 높은 성적을 낸 이유로 사회 구성주의 학습 개념을 들고 있는데 이는 일본이나 한국의 지식 우선을 표방하는 교육관과는 크게 다릅

후쿠다 세이지 지음, 나성은·공영태 옮김, 《핀란드 교육의 성공》, 북스힐, 2009, 124쪽.

사회 구성주의socio-constructivism란 지식이 사회적으로 구성됨을 의미합니다. 사회라는 말은 삶과 동의어로 봐도 무방합니다. 아동은 현재의 삶에서 부모나 교사, 또래들과의 상호작용을 통해 그리고 자기 자신과의 대화를 통해 지식의 의미를 구성해 갑니다. 핀란드 학생들은 늘 '이것은 정말 배워야 할 지식인가?' 하는 질문을 스스로 던진다고 합니다. '공부는 왜 하지?' 하는 물음에 대한 답으로 '시험에 나오니까'라는 말은 핀란드에서는 통하지 않습니다. 아동이 스스로 선택하여 터득한 지식은 그대로 미래의 사회적 삶을 헤쳐 나가는 데 유용한 원천으로 작용합니다.

학교에서의 공부와 사회에서의 삶이 유기적으로 연관되어 있다면, 학교에서 이루어지는 평가 또한 아동의 현재 및 미래의 사회적 삶에 의미를 갖는 형태여야 합니다. 이런 의미에서 다음과 같은 시험 문항은 어떤지 생각해 봤으면 합니다.

다음 중 우리가 옷을 입는 이유로 잘못된 것은?
① 피부를 보호하기 위해
② 땀을 흡수하기 위해
③ 추위를 막기 위해
④ 남에게 잘 보이기 위해

여기서 요구하는 정답은 ④입니다. 그러나 우리가 옷가게에서 옷을 고를 때 가장 신경을 쓰는 것은 남에게 잘 보이기 위해서가 아닌가요? 어린 학생들도 이 같은 이치를 뻔히 알지만 시험에서 요구하는

77

답은 다르다는 것도 압니다. 삶과 공부가 따로 돌아가는 것이죠. 이건 결코 예외적이거나 극단적인 예를 말하는 것이 아닙니다.

중간고사나 기말고사의 이름으로 우리 학교에서 치르는 수많은 시험지들이 저런 식의 찍기를 강요하고 있습니다. 우리 사회에서 공부 잘한다는 것은 시험을 잘 치는 것을 의미하며 시험 잘 친다는 것은 정답을 척척 잘 골라내는 능력 외에 아무것도 아닙니다. 그러나 우리 삶에서 만나는 문제들이 "다음 중 ~가 아닌 것은?"의 형태로 주어지는 경우는 없습니다. 이를테면 애플이나 삼성이라는 기업의 명운이 사원들의 찍기 능력으로 좌우될 리가 없는 것입니다. 그런 것은 지적 역량이라 할 수도 없으며 오히려 창의적 사고에 방해되는 점에서 지탄의 대상이 될 겁니다.

평가는 교육을 위해 존재하고 교육은 또 삶을 위한 것이어야 합니다. 그런데 우리 교육 현실에서는 이 모든 것이 거꾸로 돌아갑니다. 즉, 학생들의 삶이 공부를 위해 희생되며, 공부의 이유는 오직 좋은 평가 결과를 얻기 위함에 있습니다. 우리 교육이 올바로 서기 위해서는 본말이 전도된 이 왜곡된 관계를 바로잡아야 합니다. 물론 힘든 일입니다. 학교는 사회 속에서 기능하기 때문에 사회구조가 바뀌지 않으면 교육도 학교도 바뀌지 않습니다. 그러나 우리 교사들이 잘못된 교육제도를 탓하며 교육의 변화를 위한 아무런 노력도 하지 않는 것이 정당화될 수 없습니다.

교사 한 사람의 노력으로 교육제도를 바꿀 수는 없지만 학교를 바꿀 수는 있습니다. 학교를 바꿀 수 없다면 최소한 교실은 바꿀 수 있습니다. 그러기 위해 먼저 '나'를 바꿔야 합니다. 타오르는 열정으로 아이들을 보듬을 것이며, 부단한 자기 연찬으로 전문성을 신장하여 교육자로서의 열정과 역량을 키워 가야 합니다. 아이들과 학부모들로부터 존경과 신뢰를 얻는 교사가 낡은 교육을 혁신하고자 하는 의지를 누가 막겠습니까? 이런 교실이 하나둘 늘어날 때 학교도 바뀌고 또 교육도 사회도 바뀔 겁니다. 중요한 것은 실천입니다. 교육의 진보는 혀끝으로 이루어지지 않습니다.

아이들 덜 미워하기 1

흔한 말로 교육의 본질은 사랑이라 합니다. 교사는 학생들을 사랑으로 대해야 합니다. 하지만 교직이 성직인지는 몰라도 교사는 성자일 수 없습니다. 교육자이기 이전에 한 인간으로서, 교사는 보통의 사람들이 품는 희로애락의 감정을 그대로 갖기 마련입니다. 교육학 서적이 아동의 본성에 대해 뭐라고 설명하건 간에 교사는 현실 속에서 수많은 악동을 만납니다. 교사의 일상은 이들과 벌이는 치열한 전투로 점철된다 해도 지나친 말이 아닐 겁니다.

이상과 현실의 이 같은 괴리에서 파생되는 교육계의 오랜 이슈가 체벌 문제죠. 교육의 목적을 달성하기 위해 최소한의 체벌은 불가피하지 않은가 하는 것입니다. 그러나 체벌은 그 자체로 교육적 정당성을 갖지 못할뿐더러 지금의 사회 분위기에서 교사-학생 간의 갈등 사태에서 교사의 처신이 그리 자유롭지 않은 것이 현실입니다. 또한 예전과 달리 요즘 아이들은 정말 다루기 힘듭니다. 장난치는 아이, 거짓말하는 아이, 서로 싸우는 아이, 숙제 안 해 오는 아이 등 여러 종류의 말썽꾸러기들을 대하면서 교사는 하루에도 수십 번 끓어오르는 부아를 참아야 합니다.

　이런 아이들도 사랑으로 대해야 한다고 말하지는 않겠습니다. 저 자신이 그렇게 못 하기 때문입니다. 대신 저는 후배 선생님들에게 '아이들을 사랑하기'보다는 '아이들을 덜 미워하기'를 권고하고자 합니다. 이 글에서는 제 경험을 바탕으로 교사가 돼서 아이들을 덜 미워하는 요령이나 지혜에 대해 논해 보겠습니다.

　아기를 키워 본 사람은 알겠지만 아이가 울 때는 반드시 이유가 있습니다. 누운 자리가 불편하다거나 목이 마르거나 배가 고플 때, 어머니와의 신체 접촉이 필요할 때 아이는 울음을 터뜨립니다. 아기의 생리에 대한 약간의 지식이라도 갖고 있는 어머니라면 기저귀를 갈아 주거나 안아 줌으로써 아이를 진정시키지, 아이가 우는 것을 아이의 자질 문제로 생각하지 않을 겁니다. 교사가 돼서 어린 학생들의 특이한 행동 양식에 대해서도 이와 같은 관점으로 바라볼 필요가 있습니다. 사람을 덜 미워하기 위해서는 그 대상에 대한 이해의 폭을 넓히는 것이 절대적으로 요구됩니다. 교사는 아동을 이해하는 만큼 덜 미워할 수 있다 하겠습니다.

　학교에서 아이들의 행동을 자세히 관찰해 보면 그네들이 특별히 장난질이 심한 경우에 어떤 규칙성이 있음을 알게 됩니다. 어른들의 관점에서 장난질일 뿐 아이들의 입장에선 그저 몸을 분주히 움직이는 모습인데, 이 현상의 이면에는 어떤 과학적 필연성이 있을 것이라 생각해 봅니다.

　비 오는 날 초등학교 교실에서 아이들이 특별히 소란합니다. 40분 수업 시간에 꼼짝하지 않고 있다가 쉬는 종이 치면 아이들은 많이 움직입니다. 건강한 아이일수록 많이 움직이는데 어른들은 보통 이걸 '번잡스럽다'고 표현하죠. 그러나 아이들의 입장에서는 비가 와서 밖에 못 나가니까 실내에서 갑갑증을 해소하려고 많이 움직이는 것입니다. 또한 비 오는 날에는 다른 때에 비해 기온이 내려갑니다. 그래서 아이들은 평소보다 더 많이 움직임으로써 추위를 이겨 내려 합니다.

비가 와서 습도가 높아지면 소리가 보통 때보다 증폭되어 교실이 더욱 소란해집니다. 교사 입장에서는 아이들이 발생시키는 소음 공해에 스트레스를 받게 됩니다. 이 스트레스를 피하기 위해 어떤 교사는 흡사 난동을 진압하려는 듯 고함을 지르기도 하고 또 끓어오르는 화를 억누르려 애쓰기도 합니다. 이런 상황에 처해 스트레스 받은 교사에게 요구되는 자질은 인내심이 아니라 아동 행동에 대한 과학적인 이해라는 것이 이 글의 요지라 하겠습니다. 그것은 생리학에서 말하는 '항상성'이라는 개념을 골자로 합니다. 두산백과사전에 다음과 같이 적혀 있습니다.

> 항상성homeostasis이란 '자동 정상화 장치'라고도 하며 homeo(=same)와 stasis(=to stay)의 합성어로서 외부 환경과 생물체 내의 변화에 대응하여 순간순간 생물체 내의 환경을 일정하게 유지하려는 현상을 말하며 자율 신경계와 내분비계(호르몬)의 상호 협조로 이루어진다.

항상성의 가장 흔한 예는 포유류와 같은 온혈동물들이 체온을 일정하게homeo 유지하기stasis 위해 추울 때 몸을 떠는 행위에서 볼 수 있습니다. 그렇습니다. 비가 올 때 아이들이 특별히 더 번잡하게 행동하는 이유는 그들이 교사를 괴롭히려는 악동이어서가 아니라 자기 항상성을 유지하려는 지극히 원초적인 이유에서 비롯된 반사적 행위인 것입니다. 좀 더 실감 나게 말하면, 아이들의 장난질은 그들 나름의 생존 방식인지도 모릅니다.

비 오는 날이 아니더라도 1년 중 아이들이 가장 어수선할 때가 있습니다. 가을을 지나 초겨울에 접어들 때 그러합니다. 점심시간에 급식 순서를 기다리며 급식소 바깥으로 쭉 늘어선 행렬 속에서 앞사람 등을 찔러 장난을 거는 아이나 그에 똑같은 장난질로 응답하는 개구쟁이들의 풍경을 종종 볼 수 있습니다. 와자지껄 시끌벅적한 상황에 교장(교감) 선생님께서 눈살을 찌푸리고 급기야 직원 협의회나 부장 회의에서 생활지도에 관한 특명이 떨어지는 것도 대개 이 시기와 일치합니다.

교장·교감 선생님들은 이 시기에 아이들이 특별히 소란스러운 이유가 담임교사가 생활지도를 잘못해서가 아니라는 걸 알아야 합니다. 추운 겨울에 식당 밖에서 줄 서서 기다리는 아이들이 장난을 치지 않는다면 그게 오히려 교육적으로 문제의식을 품어야 할 현상입니다. 이 상황에서 앞의 아이를 집적거려 팬한 장난을 유발하는 개구쟁이의 행위가 추위에 몸을 바르르 떠는 강아지의 반사적 몸부림과 다르지 않다는 생각을 갖게 되면, 우리는 아이들을 덜 미워할 수 있습니다. 또한 그러한 이해력을 갖게 되면 스트레스를 피할 수 있습니다. 우리의 몸과 마음도 건강해지고 무엇보다 교육자로서의 우리 인격이 한층 고양될 겁니다.

교육은 과학입니다. 우리는 아는 만큼 아이들을 이해하고 사랑할 수 있습니다. 좀 더 현실적인 어법으로 적자면, 아동이라는 인격체를 이해하는 만큼 그들에게 화를 덜 내고 덜 미워할 수 있습니다.

저는 이 발견을 통해 아이들에게 예전보다 덜 억압적인 교사가 될 수 있었습니다. 또한, 그만큼 제 그늘 속에서 아이들이 약간은 더 행복한 교실 생활을 영위해 갈 것이라 자부해 봅니다.

아이들 덜 미워하기 2

교육 실천 과정에서 교사는 자신을 성가시게 하는 수많은 악동을 만납니다. 교사의 삶은 아이들을 떠나 생각할 수 없는데, 교직이 힘들다 하는 것은 아이들과 부대끼는 것이 힘들다는 말과 다르지 않을 겁니다. 교육의 본질은 사랑이지만, 교사가 발휘할 수 있는 능력이나 사랑의 그릇은 무한하지 않아서 우리는 모든 상황에서 모든 아이들을 다 사랑할 수는 없습니다. 그래서 우리는 어떤 경우에서는 '사랑하기보다는 덜 미워하는' 우회적인 형식을 취하는 것이 최선인지도 모른다는 말씀을 드리고 있습니다.

교사에게 미움의 대상이 되는 아이는 크게 두 종류입니다. 하나는 교사를 힘들게 하는 아이이고 다른 하나는 교사를 힘 빠지게 하는 아이입니다. 전자는 우리가 흔히 말썽쟁이라 일컫는 부류인데 이런 아이들은 교사뿐만 아니라 다른 급우들에게도 지탄의 대상이 되고는 합니다. 이런 아이들과는 달리 친구들에게는 폐를 끼치지 않으면서 교사에게 스트레스를 주는 아이가 있습니다. 전자의 아이들이 너무 나부대서 문제라면 이런 아이는 아무것도 안 해서 탈입니다. 교사라는 존재의 이유는 가르침을 바탕으로 하는데 무엇을 도무지 배우려 하지 않는 아이는 스승 됨에 심각한 좌절감을 안겨 줍니다.

말썽을 피우지는 않지만 어떤 활동에도 흥미나 열의를 보이지 않는 아이, 공부는 물론 놀기도 잘 못해서 교우 관계도 원만하지 않은 아이, 그래서 학급이라는 관계망 속에서 아무 존재감이 없는 아이, 교사로 하여금 '학교에 뭐하러 오나' 싶은 생각이 들게 하는 아이, 이런 아이 앞에서 교사는 힘이 빠집니다. 그러나 잊지 말아야 할 사실은, 이런 아이조차 부모 입장에서는 가장 소중한 아이라는 것입니다. 이 엄중한 진리는 우리 관념 속에서는 정립되기 힘듭니다. 아이의 부모를 직접 만나 봐야 뼈저린 각성이 찾아듭니다.

이런 아이의 학부모와 면담을 할 때는 교실에서 만나는 것보다 교사가 아이의 집을 찾아가서 만나는 것이 더 좋습니다. 둘의 차이는 호출과 방문의 차이라 하겠습니다. 학급 사회에서 존재감이 없는 아이라면 그 부모 또한 사회적 위계 구조 속에서 응달에 속해 있을 가능성이 많습니다. 이런 분에게 교사는 자신을 낮출 필요가 있습니다.

학부모를 학교로 불러들이기보다는 자신이 직접 아이의 집을 찾는 것이 바람직합니다. 뿐만 아니라 가정방문을 통해 교사는 부모를 만나고 아이를 만나고 또 아이의 삶을 만나는 실익을 얻습니다. 교사가 자기 집을 찾아 주었다는 자체로 아이는 학교에서와 다른 자세로 교사를 만날 것입니다. 학교에서는 꼭꼭 닫아 두었던 마음을 선생님에게 조금씩 열어 보일 것입니다. 교사라면 누구든 그 집 문을 나설 때 다음과 같은 생각이 찾아들 것입니다.

이 세상에 소중하지 않은 아이는 없다!

공부는커녕 숙제도 잘 해 오지 않아서 실망스럽기만 한 아이, 얼굴도 못생기고 차림새도 늘 꾀죄죄해서 도무지 안아 주고 싶은 생각이 들지 않는 아이, 이런 생각이 들 때 그 아이 뒤편에 있는 부모님의 얼굴을 떠올리기 바랍니다. 그 부모에게 이 아이는 세상에서 가장 예쁘고 소중한 아이라는 사실을 잊지 맙시다.

시골 학교에 첫 발령을 받아 가정방문 나갔을 때의 추억이 떠오릅니다. 고춧가루 묻은 사발에 연신 권하는 탁주를 마시고 얼큰히 취한 상태에서 집을 나서는데, 꼬깃꼬깃 접은 5천 원권 지폐 한 장을 제 손에 쥐여 주시며 우리 손자 잘 부탁한다는 '청탁'을 하시던 할머니! 등이 굽을 대로 굽은 그 노파는 아이의 유일한 보호자였습니다. 저는 그날에서야 왜 아이의 몸에서 냄새가 나는지 왜 아이가 숙제를 잘 해 오지 않는지 그 까닭을 알 수 있었습니다. 그리고 무엇보다 아이를 덜 미워할 수 있었습니다.

계속해서, 지금까지 제가 언급한 범주에 들지 않아서 미워할 수밖에 없는 아이가 있을 수 있습니다. 사악한 세파 탓에 고약한 아이들이 쏟아져 나오는 현실입니다. 그러나 역설적으로 이런 아이야말로 교사의 사랑이 필요한 아이일지도 모릅니다.

가정에서도 학교에서도 사랑을 받지 못하는 아이, 이 세상을 향해 증오심만을 키워 가는 아이… 성자가 아닌 이상 이 모든 아이들을 가슴에 품기 힘든 것이 우리의 한계입니다. 우리는 이런 아이에게 조금도 영향을 미치지 못할지도 모릅니다. 그러나 먼 훗날 아이는 기억할 겁니다. 그래도 한때 자신의 마음속에 들어와 자신을 이해하려 애썼던 그 한 사람을 떠올리며 삶과 인간에 대한 생각을 바꾸는 전기로 삼을지도 모릅니다.

전략적 교사상. 페르소나

앞에서 'life guidance'의 본질적 의미가 우리 교육 현장에서 왜곡되어 그릇된 방향으로 실천되고 있음을 논했습니다. 삶의 안내든 생활지도든 그것이 복도에서 뛰지 못하게 하고 두발과 복장을 단속하는 형태는 교육이라 일컬을 수 없다 했습니다. 하지만 그럼에도 여전히 학교 일상 속에서 "교사가 학생을 어떻게 대하고 어떻게 다룰 것인가?"하는 문제는 남습니다. 이게 교육학 개론에서 다루는 교사론의 핵심 내용인데, 보통 학급경영이라는 주제로 논의됩니다. 거듭 말하지만, 생활지도라는 영역은 이와 무관합니다. 복도에서 사뿐사뿐이나 학생 두발 단속 따위의 문제를 다루는 교육학 이론은 이 세상 어디에도 없습니다.

교육학 서적 어디에서도 언급되지 않는 훈육적 조치를 생활지도라는 이름으로 정당화하고픈 우리 학교교육 세태는 한편으로 그만큼 학급경영의 문제가 녹록지 않음을 말해 줍니다. 장밋빛 교육학 서적이 학교를 성스러운 공간으로 미화하는 것과 무관하게 현실 속의 학교살이는 교사와 학생이 치열하게 부대끼는 일상으로 점철됩니다.

교육학 이론이 아동의 본성을 어떻게 규정하건 간에 교사는 수많은 악동을 만납니다. 교실이라는 공간은 사실상 교사와 학생이 부대끼는 치열한 전투의 장이라 일컬어도 지나치지 않습니다. 학급경영의 주체인 교사는 이 기세 싸움에서 밀리면 안 됩니다. 스승 된 사람의 자존을 지키기 위해서도 선량한 대다수 학생들을 위해서도 그리고 당사자인 악동을 위해서도 그리해야 합니다.

권위와 권위주의는 다릅니다. 교사가 권위적이어서는 안 되지만 권위를 잃으면 교육의 모든 것이 와르르 무너집니다. 최근 혁신학교 진영에서 회자되는 개념으로 '경계 세우기'란 것이 있습니다. 아무리 교사와 학생이 대등한 인격적 주체로 만난다 하더라도 교사와 학생이 같을 수는 없다는 것입니다. 교사는 교사이고 학생은 학생입니다.

교실은 교사와 학생이 공동으로 학교살이를 해 가는 삶터이기에 교사와 학생은 똑같은 인격체로서 수평적으로 만나야 합니다. 하지만 학급을 관리하고 운영하는 것은 순전히 교사의 몫입니다. 그리고 학급경영의 성패는 교사의 본업인 수업의 성패로 이어지기 때문에 성공적인 학급경영은 교사의 입장에서 선택 사항이 아니라 의무 그 자체입니다. 거칠게 말하면 성공적인 교육은 교실 상황에서 주도권이 교사와 학생 가운데 어느 쪽에 있느냐 하는 문제와 관계 있습니다. 이 주도권을 쥐는 장악 능력이 교사의 가장 중요한 자질 또는 능력임에도 교육학 서적 어디에서도 이를 거론하는 경우를 잘 보지 못합니다.

경계 세우기에 실패한 교사의 교실에서 교육이 붕괴하는 장면을 우리 주변에서 심심찮게 볼 수 있습니다. 주로 초임 교사들이 이러한 우를 범하는데, 아이들을 통솔하지 못하고 아이들에게 휘둘려서 쉬는 시간은 물론 수업 시간에도 교실이 난장판이 되고는 합니다. 안타까운 것은 심성이 착하고 기질이 부드러운 교사들이 이런 고초를 겪는 것입니다.

즉 이것은 무능의 문제가 아니라 심성의 문제이며, 심성이 나빠서가 아니라 반대로 선해서 그런 것입니다. 그러나 어쨌건 그러한 교사 개인의 특성으로 말미암아 교실이 총체적 혼란 상태로 흐른다면 이것은 그 누구도 바라는 바가 아닙니다. 말하자면 착한 선생님이 결국 나쁜 선생님이 되는 모순이 발생하는 겁니다.

선량함은 교사의 중요한 자질이지만, 교사는 착하기만 해서는 안 됩니다. 좋은 교사가 되기 위해서는 때론 모진 사람이 될 수 있어야 합니다. 교사는 자신은 물론 아이들을 위해서라도 교사의 인격을 '개조'해야 할 필요가 있는 바, 저는 이것을 '전략적 교사상으로서의 페르소나'로 일컫고자 합니다.

사람을 뜻하는 'person'이란 말은 'persona'에서 왔는데 이 말은 라틴어로 '가면'이란 뜻입니다. 고대 로마에서 배우들이 무대에 오를 때 해당 배역의 캐릭터에 알맞은 가면을 쓰고 연기를 펼쳤다고 합니다. 사실 우리의 삶이 이런저런 역할극role play으로 짜 맞춰진 퍼즐이 아니겠습니까? 이 개념의 창시자인 칼 융에 따르면 인간은 천 개의 페르소나를 지니고서 상황에 따라 적절한 페르소나를 쓰고 관계를 이루어 간다고 합니다.

상황에 따라 다른 가면을 쓰고 사회적 관계를 맺어 가는 것은 이중인격이나 위선의 문제와는 다릅니다. 가장 소중하고 친밀한 관계에서조차 인간은 동일한 상대에 대해 여러 개의 페르소나로 만납니다. 부모가 자식을 대할 때 맹목적으로 허용적인 태도로 일관하거나 반대로 엄격한 태도로 일관한다면 아이를 망칠 뿐입니다.

그나마 가정에서는 어머니와 아버지가 적절한 역할 모형을 수행하면서 균형 잡힌 양육을 실천할 수 있겠지만 교실에서 교사는 이 두 역할을 동시에 수행해야 합니다. 다시 말해 여성성과 남성성의 균형을 꾀해야 하는 것입니다. 다른 글에서 논하겠지만 가장 바람직한 인격(퍼스낼리티, 페르소낼리티) 유형은 여성성과 남성성이 적절히 조화를 이루는 경우라 하겠습니다.

　우리는 학생들을 이렇게 성장시켜야 하는데 그러기 위해서는 우리 자신이 이러한 양성적 페르소낼리티를 지녀야 하는 것입니다. 한 예로, 교실에 벌레가 출현했을 때, 이를테면 여교사는 속으로 당혹스럽더라도 아이들 앞에서는 놀라지 않는 페르소나로 무장해야 합니다. 반대로 남자 교사가 거친 태도로 그 생명체를 진압하는 과도한 처신을 보이는 것도 바람직하지 않습니다. 간략히 말해, 남성성이 강한 교사는 여성적인 페르소나를 여성성이 강한 교사는 남성적인 페르소나를 개발할 필요가 있다 하겠습니다.

　미성숙한 어린 학생들에게 의미 있는 타사significant others로서 교사는 걸어 다니는 교육과정입니다. 교사의 일거수일투족이 아이들에게 영향력을 미칩니다. 잠재적 교육과정과 표면적 교육과정이 경합할 때 전자가 후자보다 학생들에게 훨씬 강력하게 다가간다고 하죠. 실제로 우리 삶에서 만난 어떤 선생님을 떠올릴 때 우리의 기억 속에 남아 있는 것도 그분으로부터 배운 지식 내용보다는 그분의 행신行身이 전부가 아니던가요. 아무리 훌륭한 교사라 하더라도 완전한 인간은 있을 수 없습니다. 잠재적 교육과정의 실체로서 교사는 자신에게 취약한 페르소낼리티를 끊임없이 개발해 가는 노력이 필요합니다.

　경계 세우기에 실패하는 교사에게 필요한 페르소낼리티는 남성성입니다. 사실 교육 행위는 본질적으로 여성성에 가까움에도 남성적 페르소나로 '무장'해야 하는 현실이 씁쓸하기는 합니다. 특히 최근에 이르러 아이들이 점점 거칠어지고 주위가 산만해지는 경향이 있어서 더욱 그러합니다. 그러나 아동의 본성에 대한 이론으로 성선설이니 성악설이니 하는 것은 무의미합니다. 인간의 인성personality은 개인적 특성과 환경적 특성의 함수관계로 빚어지지만, 어린아이의 경우 환경적 특성이 절대적이라 하겠습니다. 그런데 교실 상황에서 가장 중요한 환경은 말할 것도 없이 교사입니다. 아동의 성향은 교사 변인에 따라 탈바꿈하는 것입니다.

탈persona을 바꿔 쓰는 겁니다. 교실이라는 무대에서 아동 또한 이런저런 페르소나를 쓰고 사회적 행위라는 연기를 펼쳐 가는데, 아동의 페르소나는 교사의 페르소나에 따라 선택된다는 것입니다. 비참한 표현이지만, 교육 메타포로 현장에서 흔히 "아이들이 교사를 간본다"고 일컫는 사태가 이겁니다. 교사의 페르소나에 따라 조건적으로 아동의 페르소나가 형성되는 일종의 조건반사 기제인 것입니다. 이 음울한 기제를 떨쳐 내고 교실을 교사와 학생이 인간 대 인간으로 부대끼는 희망의 공동체로 만들어 내는 것은 오직 교사에게 달려 있습니다. 이것은 능력의 문제라기보다는 의지의 문제입니다. 탈바꿈의 의지 말입니다.

착하기만 한 교사는 아이들을 악하게 만드는 역설을 만듭니다. 몇 해 전에 초등학교 3학년 아이들을 장악하지 못해서 한 해 내내 무정부 상태로 흘러 가는 교실을 본 적이 있습니다. 처음에는 그 아이들이 특별히 못된 녀석들인 줄 알았는데 그다음 해에 영어 전담을 하면서 만난 그 아이들은 제가 맡은 어떠한 학년도의 학생들보다 순한 아이들임을 알고서 깜짝 놀란 기억이 있습니다.

교실에서 교사와 학생이 벌이는 상호작용은 부단한 게릴라전으로 점철됩니다. 교사는 아이들을 위해서라도 아이들과의 싸움에서 밀리면 안 됩니다. 그 승부처는 3월 첫 주입니다. 한 해 교실살이의 주도권을 누가 장악하느냐 하는 것은 이때 판가름 납니다. 경계 세우기에 실패한 교사가 심기일전하여 새로운 페르소나로 거듭나기 위한 가장 적절한 타이밍이 이 시기입니다.

유념할 것은, 새로운 페르소나로 탈바꿈하면서 어느덧 그것이 자신의 인격으로 고착되어 기존의 가치 있는 자신의 페르소나가 밀려나는 것입니다. 제가 권고하는 페르소나의 변신은 어디까지나 전략적으로 그러자는 겁니다. 교사의 중요한 자질로서 제가 장악력을 언급하는 것은 아이들을 지배하라는 말이 아니라 아이들에게 지배당하지 말라는 소극적인 의미로 이해해 주기 바란다는 사족을 남깁니다. 교사의 권위는 스스로 지켜야 하지만 그것이 한 걸음만 넘어서면 자칫 권위주의로 돌변할 위험이 상존합니다. 그래서 늘 교사는 자신의 삶을 돌아봐야 합니다.

애타는 인내심

　예부터 '선생 똥은 개도 안 먹는다' 했습니다. 그만큼 선생 노릇하기가 육체적으로나 정신적으로 고되다는 뜻이겠죠. 제 초임 때와 달리 지금은 학교교육 여건이 여러모로 많이 변했습니다. 그래서 지금 이 시기에도 여전히 이 말이 유효한가 하는 생각을 가끔 해 봅니다. 이삼십 년 전에 비해 현재 교사의 사회적 위상은 상당히 높아졌습니다. 그리고 교육 환경도 눈에 띄게 개선된 것이 사실입니다. 그러나 이런저런 긍정적 측면과 부정적 측면을 종합해 볼 때 교직 생활이 예전보다 더 힘들어졌다고 말하겠습니다. 해마다 명예 퇴임을 하는 교사가 늘고 있는 통계가 이를 잘 설명해 줍니다.

　어떤 상황이 교사를 힘들게 할까요? 여러 측면에서 논의할 수 있지만 저는 간명하게 딱 두 가지 상황으로 요약하고자 합니다. 사람은 하고자 하는 일이 잘 안 풀릴 때나 하고 싶지 않은 일을 억지로 해야 할 때 스트레스를 받습니다. 앞의 상황은 적극적이고 능동적이라면 뒤의 상황은 소극적이고 수동적인 것입니다. 편의상 이를 각각 능동적 스트레스, 수동적 스트레스로 일컫겠습니다.

능동적 스트레스는 바람직한 것입니다. 이 스트레스를 통해 우리
는 더 나은 교사로 발전해 갑니다. 그러나 수동적 스트레스는 교사에
게 심각한 자괴감을 안겨 줍니다. 어느 경우든 스트레스 자체는 달가
운 것이 아니기 때문에 누구나 이런저런 방식으로 자기 조절을 꾀해
갑니다. 이는 우리가 일상적 용어로 적응이라 일컫는 기제인데, 사람
은 건강한 삶을 위해 스트레스를 줄이며 심리적 평형상태를 유지해
야 합니다. 그러나 교사에게 신체의 건강보다 더 중요한 것은 영혼의
건강입니다. 교육은 주로 신념과 철학의 문제입니다. 능동적인 스트레
스든 수동적인 스트레스든 너무 쉽게 적응해 가는 것은 경계해야 한
다는 취지로 '애타는 인내심'이란 주제로 논해 보겠습니다.

애타는 인내심은 브라질의 교육철학자 파울루 프레이리Paulo Freire
에게서 따온 것입니다. 원어는 'impatient patience'로서 우리말로 그
대로 옮기면 '참지 않으면서 참아 내기'가 됩니다. 이 모순 어법의 절
묘한 이치는 뒤에서 말씀드릴 통합적 관점으로만 이해될 수 있습니다.
참지 않으면서 참아 내기가 그저 앞뒤 안 맞는 말장난이라고 치부하
는 사람이 있을지 모르겠습니다. 하지만 모든 사람의 삶이 이러한 양
상으로 전개됩니다.

인간의 삶은 이러저러한 사람 대 사람으로 관계 맺음이 전부라 해
도 좋을진대, 어떠한 관계에서도 참기만 하거나 참지 않기만 하는 경
우는 있을 수 없습니다. 차이가 있다면 어느 쪽에 많이 치우쳐 있는
가 하는 경향성의 문제, 더욱 중요한 관건으로 가치관 또는 세계관의
차이가 있을 뿐입니다. 무엇을 참지 말고 무엇을 참을 것이며 왜 참거
나 참지 않을 것인가 하는 것은 매우 중요합니다. 이 차이에서 교사
의 정체성이 결정되기 때문입니다. 지혜로운 교사, 훌륭한 교사란 이

'impatient patience'를 올바르게 수행하는 사람이라고 생각합니다.

교사가 하고자 하는 일, 교사가 해야 하고 또 하고 싶어 하는 일은 학생 교육입니다. 학생을 가르치다 보면 애끓는 상황에 직면할 때가 많습니다. 수업 시간에 아무리 쉽게 설명해도 이해를 못 하는 아이, 수업 분위기를 흐트리는 아이, 아무리 타일러도 행동이 개선되지 않는 아이를 대할 때 교사는 속에 천불이 납니다. 그러나 그것은 내가 그만큼 살아 있는 교사라는 뜻입니다.

애가 타는 만큼 영적으로 건강한 교사라 할 것입니다. 하지만 그 스트레스로 인해 신체의 건강이 훼손되어서는 안 되기에 우리는 심리적 안정을 찾으려 합니다. 그러나 체념이나 포기, 할 만큼 했다는 합리화의 기제에 너무 쉽게 의존해서는 안 됩니다. 그것은 자신을 포기하는 것과도 같습니다. 그런 교사는 결코 발전하지 못합니다. 젊었을 때나 나이가 들어서도 똑같은 모습일 것입니다.

능동적 스트레스 상황은 교사의 노력으로 얼마든지 현명하게 헤쳐 나갈 수 있습니다. 연륜이 쌓이면서 저절로 해결되는 것은 아닙니다. 철학적 고민 없이 얻어지는 해결책은 지혜가 아닌 요령일 뿐입니다. 능동적 스트레스는 치열한 경험과 아동에 대한 이해의 폭을 넓히면서 풀어 가야 합니다. 앞글에서 "아는 만큼 아동을 덜 미워할 수 있다"고 한 말을 떠올리기 바랍니다.

거듭 말하건대 학생 교육에서 오는 스트레스는 우리를 성장시킵니다. 현 단계에서 내가 감당하기 힘든 상황을 맞아 실패했다 하더라도 그 실패는 다음 성공의 밑거름이 될 겁니다. 치열한 고민과 번뇌 이후에 언젠가는 능동적 스트레스를 현명하게 대처하는 혜안이 생길 겁니다. 영적 건강을 포기하지 않으면서 신체적·심리적 건강을 이루는 상태, 애타는 조바심이 인내심과 조화를 이루는 평형상태가 'impatient patience'입니다.

사람이 힘든 것은 한마디로 사람 때문입니다. 일 자체로 힘든 것은 잘 없습니다. 아무리 힘든 일이라도 모두에게 똑같이 맡겨지고 조직의 형편상 그 일을 해야 한다면 힘들지 않습니다. 다른 사람보다 내게 더 많은 일이 맡겨지거나 내가 보기에 할 필요가 없는 일이 맡겨졌을 때 힘이 빠지는 겁니다. 교사가 힘든 것은 부당한 일이 부당하게 맡겨졌을 때이고, 그런 일을 맡기는 사람들 때문에 힘듭니다. 학교에서 '관리자(교장, 교감)'라 불리는 분들입니다. 이들로부터 받는 수동적 스트레스로 인해 교사가 망가집니다.

사실 능동적 스트레스를 피해 가는 방법은 간단합니다. 열정을 내려놓으면 됩니다. 이를테면 학업이 뒤처지는 아이와 치열하게 부대낀다고 해서 월급을 더 받는 것도 아니기에 말입니다. 그러나 수동적 스트레스는 피할 수 없습니다. 이 스트레스는 힘 대 힘의 역학 관계에서 파생되는 것이기 때문입니다. 이 스트레스를 냉담하게 무시해 버리는 경우를 우리는 용감한 사람이라 일컫지만, 저는 우리 젊은 선생님들에게 어떤 개인적 차원의 용기나 강단을 키우라는 말은 하고 싶지 않습니다. 불선한 관리자들과의 관계 맺음에서 비롯되는 스트레스를 견뎌 내기 위해 제가 드리고자 하는 소박한 처방 또한 애타는 인내심을 골자로 합니다.

그러면 그것을 어떻게 수행해야 하는지, 어느 정도까지 애가 타야 하고 어느 선까지 참아야 하는가 하는 의문이 생길 겁니다. 이 또한 정답이 없는 문제로 최선의 방책은 그때그때 구체적으로 논의될 일입니다. 저는 다만 젊은 교사들이 너무 쉽게 참거나 너무 쉽게 폭발하지 않기를 권고합니다.

한창 수업 열심히 하고 있는데 인터폰으로 지금 즉시 공문 처리해서 기안 올리라는 지시를 들으면 화가 나야 합니다. 학생 교육을 방해하면서 공문 보고를 종용하는 관리자의 반교육적 처사에 분노심이 끓어올라야 합니다. 그렇지 않고 아무런 갈등 없이 아이들 자습 시켜놓고 공문 처리에 몰두한다면 교사로서 올바른 처신이라 할 수 없습니다. 우리가 맡은 아이들을 사랑할수록 교육에 대한 애착이 깊을수록 모순 상황에 대한 분노심은 증폭됩니다.

부당한 지시가 반복됨에 따라 분노가 적개심으로 바뀌어 자기 목소리를 당당히 내야겠다고 결심하면서도 막상 관리자 앞에 서면 그렇게 하지 못하는 자신에게 화가 날 겁니다. 그러나 불선한 상대에게 분노를 품고 자신을 책망하는 그것으로 충분합니다. 그것은 내가 비겁해서가 아니라 선해서 그러한 것이니 부끄러워할 일도 아닙니다. 나이가 들어서도 계속 그런 갈등 속에서 혼란을 겪는다 해도 괜찮습니다. 그만큼 순수하다는 뜻입니다. 그런 자신에 대해 자부심을 가지십시오. 비합리적인 상황에 너무 쉽게 적응하여 별 스트레스 안 받고 지내는 사람을 부러워하지 마십시오. 갈등과 고민 그리고 조바심은 많이 품을수록 바람직합니다. 인고의 시간이 흘러 내적 혼란이 정리가 되면 참으로 현명하고 강한 교사로 성장한 것입니다. 그러한 상태가 'impatient patience'입니다.

교사는 걸어 다니는 교육과정walking curriculum입니다. 교사의 진솔한 삶 그 자체가 학생들에게 가장 위력적인 교육 행위입니다. 우수한 교사는 학생들에게 가르침을 주지만 훌륭한 교사는 감동을 줍니다. 부조리한 일상에 너무 쉽게 타협하여 'impatience'는 없고

'patience'만 잘하는 순종형 교사는 우수한 교사는 될 수 있어도 훌륭한 교사는 될 수 없습니다. 교육은 그 자체로 도덕적이어야 합니다. 불의 앞에서 냉담하거나 침묵하는 처세술은 이미 반교육적입니다. 사회적 모순에 민감한 impatient 교사만이 학생들에게 사표師表로서 감흥을 줄 수 있습니다.

그런가 하면, 'impatience'는 갖추되 'patience'가 결여된 교사는 의롭다는 평을 들을지언정 학생들이나 동료 교사들로부터 호감을 사기는 어렵습니다. 이런 분들 주위에는 사람이 적습니다. 사람 때문에 힘들다 했지만, 힘든 상황을 헤쳐 나갈 수 있는 것도 결국 사람을 통해서입니다. 불선한 사람들과는 불편한 관계를 맺어도 되지만 선량한 이웃과는 적극적으로 연대해야 합니다. 혼자서 강경한 태도만 고집하면 얻는 것보다 잃는 것이 더 많습니다. 인내심이 뒷받침되지 않은 용맹정진의 끝은 고립입니다.

애타는 인내심보다 더 중요한 자질은 겸손입니다. 보수적 가치를 중요시 여기는 교직 사회의 특성상 이 덕목이 매우 중요하다는 점을 젊은 교사들이 간과하기 쉽습니다. 저도 한때는 그랬습니다. 그러나 모든 사람에게 겸손할 필요는 없습니다. 마음에도 없는 겸손은 자신에게나 상대를 위해서도 바람직하지 않습니다. 사람에 대한 애정과 관용의 바탕 아래 진심으로 우러나오는 겸손을 지녀야 합니다. 그러려면 사람을 바라볼 때 그가 서 있는 입장을 함께 봐야 합니다. 내가 그 입장이라면 어떨까 생각해 봐야 합니다. 가장 좋기로는 실제로 그 입장이 돼 보는 겁니다.

늘 후배로 지내다가 선배가 되었을 때, 처음으로 학년 부장이 되거나 했을 때, 교직 사회를 보는 눈이 달라집니다. 사람을 거느리는 것이 얼마나 힘든 것인가를 깨닫게 됩니다. 아울러 관리자를 바라보는 시선과 태도도 달라집니다. 이처럼 치열한 실천을 통해 관점을 수시로 바꿔 가는 것은 매우 중요합니다. 관점은 늘 왔다 갔다 해야 합니다. 그러나 때가 되면 일정한 관점이 자리하게 됩니다. 나침반의 바늘이 좌우로 요동치면서 마침내 정북을 가리키듯이 말입니다. 이 상태가 바로 'impatient patience'겠죠. 애타는 인내심이 치열하게 실천되면 겸손이라는 자질은 저절로 따라옵니다.

우리는 교사가 되기 위해 교대 또는 사대에 들어갔습니다. 교직이라는 길을 선택한 것입니다. 그러나 우리는 교직을 선택할 수는 있어도 교직 사회를 선택할 수는 없습니다. 이 뜬금없는 말이 사실이라는 것은 여러분이 교단에 첫발을 내딛었을 때 느꼈을 겁니다. 나는 아이들을 가르치기 위해 교단에 섰는데 현실 속의 학교라는 곳은 교사로 하여금 교육 외적인 일에 진을 다 빼도록 만듭니다.

교사라는 사람이 무슨 면 서기마냥 늘 공문과 씨름을 하는가 하면, 혼신을 다해 교육 실천을 열심히 하면 되지 거기에 무슨 허구적인 의미를 부여하고 과대 포장한 실적물을 생산하라는 강요에 속이 상하고 애가 탑니다. 이것은 결코 일면적이거나 과장된 이야기가 아닙니다. 교직 사회의 민낯입니다. 이러한 교직 사회의 현실은 우리가 선택한 것이 아니라 선택된 겁니다. 실존주의 철학자 하이데거는 어쩔 수 없이 강제된 이러한 상황을 피투성被投性, Geworfenheit이라 일컬었습니다. 말 그대로 내던져진 상황인 것입니다.

이런 말도 안 되는 반지성적인 기제에 적응해서는 안 됩니다. 인간이 다른 동물과 다른 점은 자신에게 내던져진 불합리한 피투성을 자각하고 그것으로부터 벗어나려는 의지를 갖는 것입니다. 특히 교사인 사람은 그러해야 합니다. 교사는 지성인이기 때문입니다. 피투성의 반대로, 내던져지는 것이 아니라 자신을 세상에 던지는 자세가 기투성 企投性, Entwurf입니다. 피투성을 극복하고 기투성을 곧추세우기 위해서는 부단한 'impatient patience'의 과정이 지속되어야 할 것입니다. 그 지난한 노정을 지치지 않고 꿋꿋이 가기 위해서는 뜻을 함께하는 벗들과의 연대가 필요합니다. '빨리 가려면 혼자 가고, 멀리 가려면 함께 가라'고 합니다.

좋은 벗을 많이 만드십시오. 우리 삶에서 남는 것은 결국 사람밖에 없습니다. 교직 사회를 나서는 마지막 순간에 교장이든 평교사든 직위를 내려놓지만 사람을 남깁니다. 한 교사가 교직 삶을 얼마나 잘 살았는가의 여부는 퇴임 이후 그의 곁에 좋은 사람들이 얼마나 많이 남아 있는가 하는 것으로 가늠할 수 있을 것입니다. 그 숫자는 그의 교육 실천의 진정성에 비례할 것입니다.

지랄 총량의 법칙

우리 학교는 2교시 마치고 중간 놀이 시간을 30분 갖습니다. 아무리 놀아도 놀이가 싫증 나지 않을 아이들에게 이 중간 놀이 시간은 그야말로 꿀맛 같은 시간이죠. 우리 반 아이들이 놀이터에서 있는 힘을 다해 노는 모습이 보기 좋아 카메라에 담아 봤습니다. 대도시의 학교에서는 이렇듯 천진한 아이들의 풍경을 보기는 힘들 겁니다.

학문적으로 검증된 바는 없지만 '지랄 총량의 법칙'이란 게 있답니다. 한 인간이 평생 동안 떠는 '지랄'의 총량은 일정하다는 것인데, 상당히 근거 있는 이론으로 생각됩니다. 이 이론에 따르면 가급적 어릴 때 지랄을 많이 떠는 게 바람직합니다. 그렇지 않고 어릴 때 범생이로 지내다가 어른 돼서 지랄 떠는 경우를 늦바람이라 하는데, 이는 가정적으로나 사회적으로도 불행을 초래합니다. 사회적으로 중요한 포지션에 있는 인물일수록 늘그막에 지랄 떨면 그 사회적 파장이 지대합니다.

충분히 뛰어논 아이들이 공부 시간에 집중도 더 잘 합니다. 우리 아이들, 학교에서라도 실컷 뛰어놀도록 제도적으로나 학교 혹은 학급 차원에서의 배려가 뒷받침돼야겠습니다.

102

3부

교육은
관계다

통합적 관점 갖기

진보와 보수: 전교조의 명암

이론과 실천

비움과 채움

가르침과 배움

교육은 관계다

대화적 관계

나와 너

디오니소스적 가치

놀이와 학습

통합적 관점 갖기

　교사에게 권위는 생명과도 같습니다. 그러나 그 권위가 자칫 권위주의로 치달을 수 있기 때문에 교사는 자신의 교육 실천에 대한 성찰을 게을리해서는 안 된다고 했습니다. 말하자면 권위주의를 피하면서 권위를 지켜야 하는데, 이는 권위적이지 않으면서 권위적이어야 한다는 뜻으로서 일종의 모순어법이 되고 맙니다. 그러나 이러한 모순은 형식논리상의 모순일 뿐, 내용을 자세히 뜯어보면 어떤 묘한 역설의 진리가 내포되어 있음을 알게 됩니다. 이 절묘한 이치를 이해하기 위해서는 통합적 관점이 요구됩니다.

　모든 사물은 밝은 측면과 어두운 측면을 동시에 지니고 있습니다. 이것은 그리 심오한 이치를 말하는 것이 아닙니다. 책상 위에 놓인 컵 하나를 봐도 빛이 들어오는 쪽은 밝고 반대쪽은 어두운 형태를 띠고 있는 것을 알 수 있습니다. 우리가 그림을 그릴 때 이 같은 이치에 따라 스케치나 채색을 하는데 이러한 기법이 음영법이죠. 통합적 관점 synthetical perspective이란 이 음영법처럼 사물의 두 측면을 함께 그려 내는 사고방식이라 하겠습니다.

고대 동양의 음양 이론이 통합적 관점에 잘 부합하는 사고 체계라 하겠는데, 모든 사물이 지니고 있는 서로 대립되는 두 속성을 서양 철학에서는 양극성兩極性, bipolarity이라 일컫습니다. 이 두 극성은 서로 대립되는 측면이지만 떼려야 뗄 수 없는 한 몸을 이룹니다. 이를테면, (+)극 또는 (-)극으로만 이루어진 전기나 N극 또는 S극만 있는 자석은 생각할 수 없는 것입니다. 또한, 빛과 그림자는 고정불변된 것이 아니라 변화무쌍한 역동성을 띱니다. 음지가 양지되고 양지가 음지 되며, 먼저 온 자가 나중 되고 나중 온 자가 먼저 되는 역설이 발생합니다. 이러한 통합적 관점으로 학생과 교육을 바라보게 되면 우리가 평소에 놓치고 있었던 의미심장한 역설적 진리를 깨닫게 되고 또 기존의 우리 사고가 얼마나 편협하고 편향된 선입견으로 흘렀는지 반성하게 됩니다.

방금 논했듯이 통합적 사고의 핵심은 사물에 내재해 있는 상호 대립적인 두 속성(양극성)을 따로따로 생각하지 않는 것입니다. 통합적 관점과는 대조적으로 사물의 두 측면을 각각 별개의 것으로 분리해서 생각하는 사고방식이 이분법적 사고라 일컫는 것입니다. 불교나 노장사상 같은 고대 동양의 사상 체계가 통합적 관점을 지향한다면 이분법적 사고는 데카르트 이후의 근대 서양철학에 맞닿아 있다 하겠는데 불행히도 현대인들은 이 이분법적 사고에 익숙해 있습니다.

우리는 이성과 감성, 이론과 실천 따위를 각각 별개의 것으로 생각하기 쉽습니다. 하지만 어떠한 경우에도 이 각각의 축은 수레의 나란한 두 바퀴처럼 함께 나아갑니다. 이성과 이론이 발달하는 만큼 감성과 실천도 발달하며, 그 역도 마찬가지입니다. 통합적 사고의 의미와 가치를 이해하기 위해서는 먼저 우리에게 익숙해 있는 이분법적 사고의 폐단을 인식하는 것이 중요합니다.

이분법적 사고는 사물의 두 속성을 분리할뿐더러 서로 적대적이거나 배타적인 것으로 생각하여 둘 중 하나만을 취사선택함으로써 서로를 결속시키는 연대의 고리를 끊어 버리는 우를 범합니다. 그 결과 두 다리로 서야 할 것이 각각 한 발로 서는 불구화가 진행되며 서로 합해질 때 생기는 상승작용이 차단되는 역기능이 파생됩니다.

지식 교육과 인성 교육을 바라보는 관점이 이런 식입니다. 학교에서 아이들에게 공부를 많이 시키면 인성은 발달하지 않고 오히려 퇴보되는 것처럼 생각하는데 상식적으로도 이는 말도 안 되죠. 현실적으로 이런 어처구니없는 일이 벌어지고 있는 것이 사실이라 하더라도, 그것은 우리의 학교교육이 기형적인 메커니즘 속에서 작동하는 탓이지 인성 교육과 지식 교육이 물과 기름처럼 배타적인 속성이어서 그런 것은 아닙니다.

인간은 아는 만큼 사랑을 실천할 수 있는 바, 인성과 지성은 나란히 나아갑니다. 진정한 인성 교육은 올바른 지식 교육을 토대로 이루어집니다. 우리의 교육 현실 속에서는 지식과 인간 됨, 앎과 삶을 따로 생각하다 보니, 학생들에게 공부가 재미없고 심지어 위선적이고 허구적인 관념 놀음으로 인식되어 가고 있습니다. 이는 큰 불상사가 아닐 수 없습니다.

교육의 장에서 그릇된 이분법적 사고의 전형으로 가장 널리 그리고 치명적으로 오도되고 있는 인식이 놀이와 학습을 바라보는 관점입니다. 피아제가 말하는 형식적 조작기 이전의 아이들은 직관과 감각으로 세상과 접촉하며 삶에 필요한 중요한 지적·정의적 역량을 학습해 가기 때문에 놀이는 곧 학습입니다. 내용적으로나 방법적으로도 놀이를 통하지 않고서는 튼실한 공부를 꾀할 수 없습니다.

역할 놀이라는 개념이 말해 주듯 아이들에게 놀이는 곧 삶이라 하겠습니다. 놀이를 통해 삶의 중요한 기능을 배웁니다. 따라서 아이들에게 놀이를 차단하는 것은 공부를 못하게 하는 것과도 같습니다. 놀이와 공부를 배타적인 속성으로 간주하여 공부에 대한 반대급부로 놀이가 주어지니 아이들에게 공부는 지긋지긋한 무엇으로 '학습'되는 것입니다. 《내가 알아야 할 모든 것은 유치원에서 배웠다》는 유명한 책 제목이 웅변해 주듯, 우리 삶에서 중요한 학습의 대부분은 놀이를 통해 익힌 것들입니다.

이는 결코 덧없는 이상주의적 슬로건이 아닙니다. 교직 사회 바깥에 계시는 분들은 "요즘 아이들은 적게 놀고 이런저런 학원 교육을 많이 시키니 우리 어릴 때보다 훨씬 똑똑하지 않냐"는 말을 많이 하십니다만 학교 교사들은 이게 전혀 그렇지 않다는 걸 압니다. 올해로 교직 경력 27년째 접어드는 저는 해가 갈수록 아이들이 점점 바보가 되어 간다는 느낌을 지울 수 없습니다.

제 첫 발령지는 버스에서 내려 30분이나 걸어 들어가는 오지에 있는 학교였는데, 돌이켜 보면 그때 아이들이 제일 똑똑했습니다. 부모님들은 농사짓기에 바쁘고 또 책가방 끈이 짧은 소박한 분들이어서 "우짜던동 선상님만 믿고 맡깁니더, 우리 아 잘 봐주이소"라고 하셨고 주변에는 작은 교회를 제외하고는 교육적으로 자극이 될 만한 문화 시설이 없었지만 그와 더불어 정말로 없어야 할 것도 없었습니다. (학원 관계자들에게는 미안하지만) 거긴 사설 학원이라는 게 없었습니다. 갈 학원이 없으니 교사가 아이들을 남겨 둘 수 있었고, 부모님들은 그런 교사의 의지를 두 손 들고 환영했습니다. 그날의 학습 목표를 도달하지 못한 아이들이나 숙제 안 해 온 녀석들은 약간의 나머지 공부를 하고 그 밖의 시간들은 넓은 운동장에서 축구공을 뻥뻥 차고 여름철이면 총각 선생과 같이 냇가에 가서 물놀이를 하고 가재를 잡고는 했습니다. 그런데 그때 아이들이 정서적으로는 물론 지적으로도 가장 내실 있는 학습을 해 갔습니다.

무엇보다 말귀를 잘 알아들었으며 상대방의 감정을 헤아려 소통하고 공감을 나누는 능력이 지금의 아이들과 비교가 안 될 정도로 뛰어났는데, 이는 시험을 통해서는 측정할 수 없는 중요한 역량입니다. 엄청난 돈을 들이고서도 우리의 바람과는 정반대로 빚어진 이 모든 역설적 결과는 놀이와 학습을 분리시키고 아이들에게 최소한의 놀이 기회도 박탈한 채 과도한 학습만 강요한 탓이라 하겠습니다. 학교 폭력이니 교단 붕괴니 하는 것들은 따지고 보면 천문학적인 사교육비를 부어 넣어 아이들을 지적·정서적 불구로 만든 필연적인 결과일 것입니다.

놀이와 학습의 관계와 마찬가지로 흥미와 노력 또한 불가분의 관계임에도 우리는 이 둘을 분리하고 또 결코 화합할 수 없는 배타적인 속성으로 치부해 버립니다. 이를테면, 공부는 흥미가 없는 것이지만 앞날의 행복을 위해 노력해야만 한다는 식이죠. 그러나 옛 성현 공자가 "배우고 때로 익히면 즐겁지 아니한가?學而時習之 不亦說乎"하셨듯이 공부도 흥미 있게 할 수 있습니다.

존 듀이의 말을 빌리면, 공부는 "흥미에 의한, 흥미를 위한, 흥미의" 활동이어야 합니다. 저는 2013년 겨울에 북유럽 학교들을 탐방할 기회가 있었는데 그 사회의 학생들은 흥미를 갖고 공부를 한다는 깊은 인상을 받았습니다. 반면 우리 사회의 학생들에게 공부는 고역이죠.

2013년 PISA에서 우리가 핀란드를 앞질렀다고 하지만 저는 자랑할 게 못 된다고 생각합니다.

흥미의 안받침이 없는 노력은 무용지물일 뿐입니다. 흥미 없이 억지로 익힌 학습 내용은 머릿속에 오래 남아 있지 않습니다. 반면 우리가 흥미를 갖고 읽은 책 내용은 양식良識이 되어 우리의 빛나는 자질을 구성합니다. 학창 시절에 저는 사회 교과에 흥미를 못 느꼈습니다. 흥미가 없다 보니 공부가 싫어지고 성적도 안 나왔습니다. 그러나 대학원에서 사회학을 접하면서 이게 정말 재미있는 학문이란 걸 알게 되었고 사회학에 흥미를 붙여 관련 서적을 닥치는 대로 읽어 갔습니다.

이 둘의 차이는 흥미가 있고 없고의 차이입니다만, 학창 시절에 제가 사회에 흥미를 못 붙였던 것은 그 속에 나의 삶이 없었기 때문이라 생각합니다. 즉, 교과서의 학습 내용이 학생의 삶과 동떨어져 있으니 학생들이 흥미를 못 붙이고 또 공부가 어려운 것입니다. 이처럼 놀이와 학습, 흥미와 노력, 삶과 공부는 통합되어야 합니다. 선량한 교육제도에 의해 이렇게 구성되어야 하고 또 단위 학교나 학급의 선생님들이 이런 식으로 교육과정을 짜서 교육 실천을 하기를 소망해 봅니다.

통합적 관점의 핵심은 사물에 내재된 대립적인 두 속성의 관계성에 대한 이해라 하겠는데, 이 속성들은 고정불변인 것이 아니라 역동적인 변화를 겪는다는 점도 지적되어야 합니다. 빛과 그림자가 각기 따로 존재하지 않듯이 사물의 긍정적 측면과 부정적 측면 또한 따로 있지 않습니다. 음지가 양지 되고 양지가 음지 되듯이, 긍정과 부정은 상호 전화轉化될 가능성을 염두에 둬야 합니다. 학교에서 우리는 모든 면에서 타의 귀감이 되는 모범적인 학생을 보게 됩니다. 하지만, 이 학생에게도 크고 작은 단점이 있으리라는 것은 당연합니다. 여기까지는 상식적인 이야기입니다.

통합적 관점의 가치는 특정 학생의 장점과 단점은 동전의 양면처럼 한 몸을 이루는 것임을 잊지 않는 겁니다. 교사의 눈에는 뛰어난 리더십의 소유자로 보이는 어떤 모범 학생이 또래 집단 내에서 카리스마를 넘어 폭압적인 독재자로 돌변하는 경우를 왕왕 봅니다. 이는 리더십이라는 플러스 요인이 독재라는 마이너스 요인으로 전화된 경우라 하겠습니다.

자녀 교육 문제로 상담을 요청하는 학부모들이 담임교사에게 자주 털어놓는 말이 "우리 아이는 내성적이어서 문제다"라는 것입니다. 이럴 때마다 저는 내담자에게 "내성적인 것은 축복받은 자질임"을 일깨워 줍니다.

내성적內省的, introspective, introvert이란 말의 본뜻은 말 그대로 '안으로(intro-) 향한다(-vert)' 또는 '안을 들여다본다(-spect)'의 의미입니다. 한자로도 '省' 자가 '마음心'과 '눈目'이 결합되어 '성찰省察'의 뜻을 품고 있어 영 단어의 의미와 일치하고 있죠. 내성적인 사람은 사물의 본질을 꿰뚫어 보려는 성향 탓에 남들이 아무렇지 않게 생각하는 곳에 문제의식을 품을 가능성이 많습니다. 때문에 조직 생활에서는 적응을 잘 못 할 수도 있지만, 바로 그 이유로 이런 사람은 조직 발전에 크게 기여할 인물일 수도 있습니다. 집단의 건강성은 모두가 "YES"라 할 때, "NO"라고 말할 수 있는 소수의 노력에 의해 지켜지기 때문입니다. 인류 문화사에서 위대한 족적을 남긴 사람들은 대부분 내성적인 사람일 겁니다.

이처럼 통합적 관점으로 학생을 바라보는 교사는 리더십이 강한 반장 아이의 빛나는 자질 이면에 있는 잠재적 독재성을 간과하지 않으며, 성격이 소심한 아이에게서 아직 발현되지 않은 빛나는 장점을 발굴해 용기와 희망을 불어넣으려는 시도를 할 것입니다. 여자 같은 남자아이가 있다면 그는 계집애 같은 사내아이가 아니라 섬세한 자질의 소유자로서 장차 모차르트나 릴케가 될 가능성을 가진 아이로 봐야 합니다. 반대로, 장난이 심한 아이가 있다면 그를 백해무익한 공공의 적이 아니라 혈기왕성한 개구쟁이로 봐야 합니다. 이러한 극단적인 경우를 '주의력결핍과잉행동장애ADHD'란 이름으로 규정하고 있습니다. '과잉 행동'이란 말은 영문 'hyperactive'에서 보듯이 좋게 보면 에너지가 넘쳐흐르는 상태를 뜻합니다. 마이클 펠프스는 이 심각한 마이너스적 자질을 수영을 통해 플러스적 자질로 전화함으로써 오늘날 수영 황제가 되었습니다. 인간에게 무조건 좋거나 무조건 나쁜 성향 또는 자질은 없습니다. 모든 인간은 자기답게 처신할 때가 가장 아름답고 현명하고 위대합니다.

끝으로, 통합적 관점 또는 양극성의 원리를 앞에서 논한 교사의 권위 문제에 적용해 보겠습니다. 학생을 대하는 교사의 입장은 권위적인 성질과 권위적이지 않은(허용적인) 성질이 대립적인 관계를 이룹니다. 그런데 이 충돌하는 두 속성 가운데 어느 한 가지만을 지니며 다른 하나는 전혀 품지 않는 교사의 입장이란 있을 수 없습니다. 아무리 권위적인 교사라 할지라도 어떤 상황이나 어떤 학생에 대해서는 허용적인 입장을 취하며, 반대로 아무리 허용적인 교사라 할지라도 어떤 경우에는 권위적인 입장을 취하기 마련인 것입니다. 어떤 경우든 권위와 관련한 교사의 입장은 이 대립적인 두 속성이 통합되어

synthesized 나타나는 바, 권위적인 교사란 허용적인 입장보다 권위적인 입장이 더 강한 경우를, 허용적인 교사란 수용적인 속성이 더 강한 경우를 뜻할 뿐입니다.

여기서, "그럼 어떤 경우가 가장 적절한가?" 하는 의문이 생겨납니다. 가장 바람직한 권위의 형태는 이 두 속성이 적절히 통합된 형태가 되겠는데, 그 최적의 지점이 어디인지는 딱 부러지게 말할 수 없습니다. 그것이 정확히 뭔지를 묻는 것은 인생의 도가 무엇인지를 묻는 것만큼이나 무의미한 질문일 것입니다. 통합적 관점의 대가 노자의 말씀대로 "도를 도라고 말하는 순간 진정한 도에서 벗어나기道可道非常道" 때문입니다. 삶의 모든 이치가 그러하듯 교육의 도도 정답이 없는 문제로서, 매 순간 상황에 따라 주체(교사)에 따라 대상(학생)에 따라 달라지기 때문에 그때그때 실천을 통해 구체적으로 최선의 방안을 도출하는 수밖에 없습니다.

중요한 것은, 한 발자국만 더 나아가면 권위가 권위주의로 돌변하고, 반대로 한 발자국만 물러서면 온화한 교사의 권위가 무너지는 것이니 교사는 늘 교실의 분위기와 아이들의 동태에 촉각을 곤두세우고서 그때그때 적절한 처신을 해 가야 합니다. 마치 시소를 타듯이 관용과 권위 사이를 적절히 왔다 갔다 해야 합니다. 말로 설명하니 무슨 선문답처럼 들리겠지만, 사실 이는 학교 일상에서 대부분의 교사들이 그렇게 실천하고 있는 내용들이기도 합니다.

이거냐 저거냐 하는 양자택일의 삶을 사는 사람은 없습니다. 우리는 늘 이것이면서 동시에 저것이기도 한 삶을 살아갑니다. 사람은 누구나 특별한 가르침을 받지 않아도 자연스럽게 통합적인 관점으로 살아가기 마련이지만, 그 오묘한 법칙성을 알게 되면 교사인 사람은 학생이나 교육을 이해하는 폭이 더 넓고 깊어진다는 말씀을 드리고 싶습니다.

진보와 보수: 전교조의 명암

통합적 관점이란 사물에 내재된 대립적인 두 속성을 별개의 것으로 보지 않고 연관의 맥락에서 파악하는 사고방식이라 했습니다. 그런데 우리는 이 상호 대립적인 두 속성을 분리해서 생각할뿐더러 둘 가운데 어느 하나에 절대적인 가치를 부여하는 양자택일적 사고방식에 익숙해 있기도 합니다. 해체deconstruction의 철학자로 알려진 데리다는 서양철학의 창시자인 플라톤 이후 서양철학의 전통이 되어 있는 양자 대립 구조를 '이항 대립二項對立, binary opposition'이라 일컬었습니다. 그가 말한 '해체'란 이 이항 대립적 사고방식의 해체를 뜻합니다.

데리다에 의하면, 그간에 철학자들이 정신-육체, 남성-여성, 서양-동양, 백인-흑인 등의 대립 쌍에서 전자는 우월하고 후자는 열등한 것으로 간주하는 도그마를 유포해 왔다고 합니다. 이러한 사고방식으로는 진리에 다다를 수 없을 뿐만 아니라 도덕적으로도 문제가 있는 것입니다. 즉, 이항 대립적 사고방식은 인식론적으로나 윤리적으로도 바람직하지 않은 것입니다. 이러한 오류를 범하지 않기 위해 우리는 통합적 시각으로 사물을 바라봐야 하는 것입니다. 학생을 이해하기 위해서는 인간과 세계를 이해해야 합니다. 교육자가 돼서 사물을 통합적 관점으로 바라보는 것은 매우 중요합니다.

교육 영역에서 이항 대립적 시각으로 인식론적으로나 윤리적으로도 오류를 범하기 쉬운 가장 흔하고도 불편한 대립 쌍이 진보-보수의 문제가 아닐까 생각합니다. 격동의 한국사에서 교육은 늘 정치적 풍랑에 휩쓸려 왔습니다. 그리고 그 혼란의 중심에 전국교직원노동조합(전교조)이라는 교직단체가 있었습니다. 따라서 이 문제를 바로 보기 위해선 전교조를 바로 보는 시각이 필요합니다. 이것은 너무도 민감한 문제여서 시원스럽게 논지를 펼치기가 참으로 어렵다 하겠습니다. 그러나 젊은 후배 선생님들이나 일반인들이 현재 우리 교육과 교직 사회를 이해하는 데에 이 부분은 꼭 짚고 넘어가야 합니다.

우리의 학교교육이나 교직 문화는 전교조를 기점으로 그 이전과 이후가 판이하게 구분됩니다. 1988년 현장에 발령받아 시작한 저의 교직 삶 또한 전교조와 함께해 왔습니다. 전교조에 대한 각별한 애증을 품고 있는 한 사람으로서 최대한 공평무사하고도 객관적인 시각으로 전교조의 공과를 논하려 하지만, 어떻게 글을 엮어 가더라도 읽는 분의 입장에 따라 혼란스러운 글이 될 것입니다.

그런 불편이나 선입견을 피하기 위해 미리 제 관점을 간단히 일러두자면, 전교조는 한때 이 땅의 교육 발전에 엄청난 공헌을 했지만 일정 시기 이후 쇠락의 일로를 걸어오고 있는데 저는 이 같은 퇴조 현상은 자업자득의 결과라 봅니다. 전교조의 영고성쇠는 음지가 양지 되고 양지가 음지 되는 사물의 통합적 속성이 그대로 투영되어 있습니다. 그 인과관계를 밝히는 것으로 교육 영역에서의 보수-진보의 문제를 의미 있게 짚어 볼 수 있으리라 생각합니다.

작금의 학교 현장에서 전교조가 존재감을 상실해 가고 있는 것은 역설적으로 당대의 전교조가 할 일을 다 했기 때문입니다.

1989년 전교조가 태동할 당시의 교단은 암울하다 못해 참혹하기까지 했습니다. 저는 인근 학교에서 지각을 했다는 이유로 임신한 여교사를 아이들 보는 앞에서 운동장 돌게 하는 교장도 봤습니다. 요즘 교권이 무너지니 어쩌니 하지만 사실 그때는 '교권'이라는 개념 자체가 없었습니다. 지금의 교권은 소수의 학부모와 아이들로 인해 침해를 받고 있지만 그 당시 교사들의 인권과 자존은 학교장이라는 무소불위의 권력자에 의해 짓밟혔습니다. 전교조는 바로 이 같은 언어도단의 교육 현실을 배경으로 탄생한 것입니다. 다음과 같이 시작하는 전교조 노랫말처럼 최소한의 상식과 정의 그리고 진실을 갈망하는 참교사들이 분연히 일어선 것입니다.

굴종의 삶을 떨쳐 반교육의 벽 부수고
침묵의 교단을 딛고서 참교육 외치니……

노태우 군사정권의 입장에서는 오랜 세월 동안 시키면 시키는 대로 굴종의 삶을 살아온 교사들이 노동조합 설립과 민족-민주-인간화 교육을 주창하며 집단적 저항을 하는 것을 용인할 수 없었습니다. 이건 독재 정권의 사활이 걸린 문제였죠. 그래서 무자비한 탄압이 이어졌습니다. 전교조를 탈퇴하지 않는 교사는 해직을 감수해야만 했습니다. 전국적으로 1,500여 명의 교사들이 사랑하는 제자들과 생이별을 하며 교단을 떠나야 했습니다. 이분들은 하나같이 학생과 학부모들로부터 존경받는 분들이었습니다.

한편, 전교조 깃발을 지키기 위해 눈물을 머금고 탈퇴 각서를 쓴 교사들은 1960년 4·19 이후 근 30년 만에 타오르기 시작한 교육 운동의 기운을 확산시키기 위해 비밀리에 활동을 전개해 갔습니다. 그 시절 학교에서 교장·교감의 최우선 관심사는 지금처럼 학력이나 학교 폭력 문제가 아니라 "자기 관리하에 있는 교사가 전교조 활동을 못 하게 하는 것"이었습니다. 그러니 전교조 교사들은 흡사 일제강점기에 독립운동하듯이 숨어서 활동을 했습니다. 반대로 교장·교감은 전교조 교사를 발본색원하는 것을 가장 중요한 소임으로 여겼습니다. 당시엔 그 문제가 관리자의 입신에 가장 큰 영향력을 미쳤기 때문입니다. 당시 문교부가 일선 교육청에 '전교조 교사 식별법'이란 지침을 공문으로 내려보냈는데 그 내용은 그 시절 진보-보수의 자화상을 적나라하게 드러내 줍니다.

● 1989년 문교부가 일선 교육청에 보낸 공문 내용

(출처: 신동아 1989년 7월 호)

제목 : 전교조 교사 식별법

· 촌지를 받지 않는 교사
· 학급 문집이나 학급신문을 내는 교사
· 형편이 어려운 학생들과 상담을 많이 하는 교사
· 신문반, 민속반 등의 특활반을 이끄는 교사
· 지나치게 열심히 가르치려는 교사
· 반 학생들에게 자율성, 창의성을 높이려 하는 교사

- 탈춤, 민요, 노래, 연극을 가르치는 교사
- 생활한복을 입고 풍물패를 조직하는 교사
- 직원회의에서 원리 원칙을 따지며 발언하는 교사
- 아이들한테 인기 많은 교사
- 자기 자리 청소 잘하는 교사
- 학부모 상담을 자주 하는 교사
- 사고 친 학생에 대한 정학 또는 퇴학의 징계를 반대하는 교사
- 한겨레신문이나 경향신문을 보는 교사

전교조 교사 문제 외에 그 시절의 학교 관리자가 윗선으로부터 인정받기 위한 또 다른 잣대는 단위 학교 교사들의 교련(현재의 교총) 가입률이었습니다. 앞서 말했듯이 당시 전교조 교사들은 비밀리에 활동을 했는데, 교련을 가입하지 않는 교사는 곧 전교조 교사로 의심을 받았습니다. 그래서 선생님들은 자신이 전교조 활동에 가담하고 있지 않음을 증명하기 위해서라도 억지 춘향으로 교련에 가입해야만 했습니다.

이렇듯 한 편의 코미디판과도 같은 교육 현장을 현재의 모습으로 바꾼 것은 전교조이지 교총은 아닌 것입니다. 당시 교총은 교련(대한교육연합회, 대한교련)이라는 이름이었는데, 교련은 "교장에 의한 교장을 위한 교장의" 교원 단체였습니다. (교련의 이러한 정체성은 현재의 교총에서도 별로 다르지 않습니다.) 관리자의 편에 서서 승진의 길을 가려는 부류가 아닌 대다수 교사들은 전교조 편이었습니다. 비록 교장에게 미운털 박히기가 두려워 몸은 교련에 들더라도 마음은 전교조에

있었던 것이죠. 말하자면, 이 시기의 교사 대중에게 보수는 부패와 불의 그 자체였고, 진보를 상징하는 전교조는 암울한 교육계의 빛과 소금으로서 신망을 얻고 있었습니다.

1988년 창립 이후 10년이라는 인고의 세월을 버티면서 1999년 합법화와 더불어 전교조는 마침내 자기 존재의 정당성을 쟁취하였습니다. 그러나 빛과 그림자는 붙어 다니는 게 근본 속성이어서, 저는 역설적으로 전교조는 합법화 이후부터 그 본래성을 상실하며 내리막길로 치닫기 시작했다고 봅니다.

다시 말하지만, 오늘날 전교조가 퇴조해 가고 있는 가장 큰 이유는 구시대의 낡은 교육을 혁파함으로써 교육 진보의 담지자로서의 자기 역할을 할 만큼 했기 때문입니다. 그러나 유감스럽게도 보수적 포지션에서 전교조를 백안시하는 많은 분들은 이러한 점을 잊고 있습니다. 전교조가 교육의 진보를 자임하면서 기존 교직 사회의 악습을 고쳐 나갈 때, 그 대척점에 있는 교련이나 교총이 지금까지 학교교육을 쇄신하기 위해 기여한 점은 전혀 없다고 해도 지나친 말은 아닙니다. '촌지 받지 않는 교사'나 '지나치게 열심히 가르치려는 교사'를 색출해서 보고하라는 지침을 하달하고 또 그걸 맹목적으로 수행하는 이들이 '보수'라면, 그 보수가 진보에게 할 말이 있을까요? 그런데 교육계에서 전교조를 맹목적으로 비난하는 사람들은 대부분 이런 분들입니다.

그 긍정적인 가치를 인정하면서 전교조를 비판하는 분들은 전교조가 지나치게 정치 투쟁을 지향한 탓에 초기에 전교조를 지지하던 국민 대중이나 교사 대중으로부터 신뢰를 상실해 갔다고 합니다. 한마디로, 전교조가 초심을 잃었다는 거죠. 선량한 교사들과 국민들로부터 전폭적인 성원과 지지를 받았던 전교조의 초심이란, 앞서 제가 말한 부조리한 교육 현실을 혁파하고 교사의 열정을 아이들을 위해 쏟는 것이었습니다. 그리고 전교조는 그것을 일정 정도 이루었습니다. 따라서 전교조의 과오는 초심을 버린 것이 아니라 초심을 실현한 이후의 후속 조치로서 한 단계 업그레이드 된 '제2의 참교육 운동'을 전개하지 못한 것이라 해야 할 것입니다. 그간의 경과가 어찌 됐건 현재 전교조가 국민 대중과 교사 집단을 설득하고 신뢰를 얻는 데 실패한 것은 치명적인 불찰입니다.

저는 전교조의 무능과 과오가 근본적으로 낡은 운동 방식에 기인한다고 봅니다. 아이러니하게도, 한때 낡은 학교를 바꿔 가는 개혁을 주도했던 전교조가 정작 자기 자신을 혁신하는 데는 실패한 것입니다. 아니 실패했다기보다 지금까지 단 한 번도 그런 의지를 품은 적이 없었습니다. 거칠게 말해 지금 전교조는 보수보다 더 보수적인 집단으로 변질되어 있습니다.

교육 민주화를 표방하는 전교조 내부의 조직 문화는 반민주적 행태로 얼룩져 왔습니다. 전교조의 구태와 악습이 근절되지 않는 밑바닥에는 '종파주의'라는 괴물이 자리하고 있습니다. 비단 전교조뿐만 아니라 우리 사회 진보 진영 전체가 몰락해 가는 근본 이유가 종파주의 탓입니다. 따라서 좌파든 우파든 진보에 대해 맹목적인 호불호의 정서를 품고 계시는 분들은 종파주의를 이해함으로써 보다 합리적인 시각으로 '진보'를 바라보게 될 것입니다. 전교조 내 종파주의의 존재와 그 실체를 알고 나면, 한때 이 땅의 교육 희망으로 국민들로부터 뜨거운 지지와 신뢰를 받던 전교조가 왜 지금 불신의 늪에서 헤어

나오지 못하고 있는지 이해하실 수 있을 겁니다. 합법화 이후 전교조는 국민의 전교조도 교사 대중의 전교조도 아닌 한 줌 종파 활동가들의 전교조라 하겠습니다.

종파주의sectarianism란 "사회변혁 운동이나 민주주의 운동에서 정당이나 집단이 배타적인 태도를 취하면서 대중과의 결합 및 대중 활동을 경시하고 통일 전선을 가로막으며 광범한 대중으로부터 고립되는 사업 방식"을 뜻합니다. 어느 시대 어느 사회에서나 가치를 쫓는 어떠한 집단에서도 종파주의는 존재합니다. 그 전형이 종교계의 종파입니다. 종파주의에서 '종파'는 한자로 從派가 아니라 宗派입니다. 역사적으로 종파주의란 개념은 중세 기독교에서 유래합니다. 그러나 한국 사회 진보 진영의 종파주의는 그 부정적 경향성이 더욱 심각한 편인데, 이는 오랜 군사독재 시절 사회운동이나 교육 운동을 비밀리에 실천할 수밖에 없었던 사회 상황과 관계 있습니다.

그 칠흑 같은 어둠의 시기에는 몰래 운동하는 것이 자랑이었고 또 존경의 이유가 되기도 하였습니다. 그러나 그런 시대는 가고 없습니다. 사회 전반에 걸쳐 민주화가 이루어졌으며 교육 영역에서 전교조는 합법화 이후 양적으로 거대한 대중 조직으로 위용을 자랑하기에 이르렀습니다. 그럼에도 조직 내의 중요한 의사 결정이나 교육 운동의 방향성을 정립하는 데 선량한 전교조 교사 대중의 바람은 무시한 채 극소수 종파 활동가들의 의지를 관철하는 독재가 만성적으로 자행되어 오고 있습니다. 지금까지 전교조를 이끌어 온 이들은 "학교가 붕괴되고, 교권이 바닥에 내려앉고, 학생들이 망가지고 죽어 가는" 처참한 교육 현실은 방치한 채, 허구한 날 교육 외적인 정치 투쟁 따위에 힘을 소진해 왔습니다. 이 소모적이고 무모한 행보를 통해 얻은 것이라고는 국민들로부터 욕먹은 것밖에 없으니, 독재적 리더십을 골자로 하는 종파주의의 귀결점은 대중으로부터의 고립인 것입니다.

전교조를 망쳐 온 종파주의에 내재된 두 번째 고질적 속성은 '배타적 아집'으로 요약됩니다. 자석을 쪼개도 여전히 N극과 S극이 각각 존재하는 것처럼, 진보 안에도 진보와 보수가 따로 존재합니다. 전교조 내에도 좌파와 우파가 존재하는데, 이들은 스스로를 정파政派라 일컬으며 조직의 발전을 위해 선의의 경쟁을 통한 상호 대립을 펼쳐 나간다고 말합니다. 그러나 선의의 경쟁이라는 수사가 무색하게도 이들 양대 종파가 보여 준 대립은 지리멸렬하고 소모적인 이전투구가 전부입니다. 길게 말하지 않겠습니다. 전교조 내 정파 문화는 자구 그

종파주의의 이러한 속성은 권위 있는 진보 철학 인터넷 사이트(http://www.marxist.org)에서 잘 설명하고 있습니다. 이곳에 영문으로 소개된 '종파주의'의 정의를 우리말로 옮겨 봅니다.

종파주의와 기회주의는 어떤 원칙을 좇는 조직이라면 어디서든 나타나는 오류로서 이 둘은 서로 짝을 이룬다.

종파주의자들은 자신의 원칙이 상대방의 것보다 우월한 절대적 진리임을 강변한다. 사소한 불일치 속에서도 거기에 내재한 근본적인 차이의 단서를 찾으려 애쓴다. 자신과 가장 가까운 경쟁자를 목숨 걸고 싸워야 할 가장 큰 적으로 간주한다. 도그마의 원칙을 전술적 이익 위에 둔다, 타협이나 목표 수정을 거부하며 시류를 거스르는 것에 대해 자부심을 갖는다. 간단히, 종파주의는 "연대의 파괴"이다.

기회주의자들은 언제라도 상황에 맞추어 자신의 원칙을 순응시킬 준비가 되어 있다. 내적 모순의 중요성을 과소평가하며 심지어 적들도 "덜 나쁜 악"으로 취급한다. 전술적 이익을 자신의 원칙보다 우선시한다. 너무 쉽게 타협하며 너무 쉽게 시류에 편승한다.

종파주의자들과 기회주의자들이 한목소리로 자신들에 대한 이러한 평가를 부인하거나 반박하는 주장을 펼치는 것은 놀라운 일이 아니다. 그 와중에 이들은 자신에게 붙여진 모든 꼬리표들을 소수자(조직 내의 종파주의와 기회주의에 유감을 품는 이들 - 옮긴이)에게 돌린다. 자신들은 단지 생각이 다르거나 다소 급진적일 뿐인데 왜 조직에 대한 반감을 갖느냐고 비판 의견을 묵살해 버린다.

대로의 의미인 정치적 파당이 아니라 종파주의의 화신이고, 더 적확하게 말해 "패거리 문화에 터한 파벌 다툼" 외에 아무것도 아닙니다.

제가 생각하는 종파주의의 가장 극심한 폐단은 '우민화'라는 말로 표상되는 것입니다. 전교조 내 관념적 급진 종파주의자들은 늘 '우매한 대중'을 탓합니다. 이를테면, 똑똑한 지도부가 결정한 총력 투쟁을 조합원 대중이 우둔해서 따라 주지 않는다는 겁니다. 그러나 대중은 우매한 것이 아니라 다만 무관심할 뿐입니다. 전교조와 같은 거대 조직에서 조합원 대중이 조직 일에 무관심한 것은 자연스러운 현상입니다. 중요한 것은, 선량한 지도자라면 대중의 관심을 끌기 위해 이런저런 노력을 할 것이나 종파주의자들은 대중의 그러한 무관심을 악용해 독재적 리더십을 지속시켜 왔다는 점입니다. 대중의 무관심은 종파주의의 원인이자 결과인 것입니다.

저는 종파 패거리들의 부조리 가운데 가장 심각한 죄과가 바로 이것이라 생각합니다. 즉, 대중의 우민화를 극복하기 위한 노력은 하지 않고, 우민화를 악용해 종파주의를 강화해 온 점. 대중의 우민화는 종파 패거리들이 종파주의 놀음을 지속시켜 올 수 있었던 근거인 동시에, 종파주의의 발목을 잡는 양날의 칼입니다. 총력 투쟁이든 뭐든 대중의 참여가 있어야 전교조라는 수레바퀴가 굴러갈 것인데, 지도부가 아무리 목에 핏대 올리며 "총력 투쟁"을 외쳐도 절대 다수의 조합원 대중은 미동도 하지 않습니다. 그 투쟁이라는 것이 늘 소수의 활동가들만 동원하여 아무 소득 없이 투쟁을 위한 투쟁을 다람쥐 쳇바퀴 돌듯이 되풀이해 온 것이 전교조의 현주소인 것입니다. 결국 우민화를 조장한 종파주의자들은 제 눈 제가 찌른 셈입니다. 문제는 종파주의의 몰락과 전교조의 몰락이 운명을 같이하는 점입니다!

지금까지 교육 영역 내에서 진보-보수의 문제를 짚어 봤습니다. 나름 공평무사한 시각으로 논하고자 했으나 읽는 분의 입장에 따라 적잖이 불편한 보고서가 되었을 겁니다. 혹자는 "보수보다 진보에 대한 비판으로 편향된 점이 뜻밖이다" 하실 것 같습니다. 교육 영역에서 보수의 문제에 대해서는 누구나 알고 계시는 바이기에 특별히 논할 필요를 못 느낍니다. 이를테면, 아무리 전교조가 비민주적이라 해도 교총보다 못할 수는 없습니다. 진보가 문제가 있다고 해서 보수가 진보보다 더 건강하다고 말할 수는 없는 것입니다.

공안 경찰의 눈을 피해 몰래 숨어 운동을 하던 낡은 시대는 갔습니다. 그렇다고 '새날'이 온 것은 아니지만, 어쨌거나 세상이 바뀌었습니다. 지금은 선과 악, 정의와 불의, 진보와 보수가 이분법적으로 명확히 구분되는 시대가 아닙니다. 예전처럼 "전교조 교사는 절대 선, 관리자는 절대 악"이라는 이항 대립 구도가 더 이상 유효하지 않습니다. 요컨대, 복잡다기한 포스트모던 시대에 낡고 단순한 방식으로 '투쟁'만 부르짖는 운동은 대중의 호응을 얻을 수 없습니다.

"우매한 대중의 정서는 고려할 필요가 없다"는 오만한 종파주의자들이 없지 않습니다. 실로 이런 분들이 이 사회 운동판을 망쳐 온 것이고 종파주의란 바로 이런 경향성을 일컫는 것입니다. 그러나 이런 분들치고 철학적으로나 지적으로 깊이 있는 식견을 가진 경우는 결단코 없습니다. 제 경험으로, 운동판에 몸담지 않으면서 기존 교육에 문제의식을 품고 학교와 교육이 바뀌기를 열망하는 평범한 전교조 교사와 이른바 활동가와의 차이는 '투쟁'이라는 구호에 얼마나 익숙해 있는가의 차이밖에 없습니다. 따라서 대중을 "우매하다"고 보는 시각은 윤리적으로는 물론 인식론적으로도 터무니없는 망상에 지나지 않습니다.

'진보-보수'라는 대립적인 두 속성을 별개의 것으로 보지 않고 통합적 시각으로 바라봐야 합니다. 새가 좌우익을 번갈아 날갯짓하며 균형을 잡아 하늘을 날듯이 진보와 보수는 학교 사회가 균형을 잡기 위해 서로가 서로의 가치를 존중하며 상생해 가야 합니다. 그렇지 않고 둘 가운데 어느 하나에만 절대적인 가치를 부여하는 이항 대립적 사고는 금물입니다.

사실상 교육은 본질적으로 진보보다는 보수적 성격이 강합니다. 본질주의니 항존주의니 하는 교육 사조가 말해 주듯이, 오늘날 우리가 학생들에게 전하는 가르침의 대부분은 예부터 우리가 소중히 품어온 가치 체계일 뿐입니다. 명품 교육이니 뭐니 하지만 고금을 막론하고 최상의 교육은 교사와 학생 간에 따뜻한 인간관계에 바탕할 때만이 그 바람직한 결실을 맺을 수 있습니다. 교사-학생의 관계도 그러하지만 교사와 교사, 관리자와 교사의 사회적 관계망 속에서도 인간관계의 중요성은 예나 지금이나 변함없습니다.

인간관계는 운동의 시작과 끝입니다. 세상을 바꾸려는 사람에게 요구되는 첫째 자질은 겸손과 관용입니다. 대인춘풍 지기추상待人春風 持己秋霜, 이웃에게는 봄바람처럼 부드럽게 대하고 자신의 실천에 대해 가을 서리처럼 엄격하게 성찰할 수 있는 사람이 진정한 진보일 것입니다. 사실 우리 사회에서 진보라는 호명이 너무 남발되고 있지 않나 생각해 봅니다.

이론과 실천

36학급 규모의 도심지 학교에 근무할 때의 일입니다. 학년 부장 교사가 학년 선생님들을 모아 놓고 부장 회의 결과를 전달합니다. 며칠 전에 어느 회사로부터 기증받아 학급별로 하나씩 나눠 준 배구공들을 모두 걷어 체육실로 보내라는 교장 선생님의 지시가 있었다고 합니다. 왜 그런 지시를 내리게 되었는지 그 까닭을 묻자, 저학년 아이들이 쉬는 시간에 교장실 앞마당에서 배구공을 축구공 삼아 노는 모습을 보신 교장 선생님께서 모종의 문제의식을 품게 되신 거라 합니다. 편의상, 이를 '에피소드 1'이라 하겠습니다.

'에피소드 2' 또한 직원 협의회에서 있었던 일입니다. 행정 실장이 말하길, "어제 한 학부모로부터 전화를 받았는데, 요즘 날씨가 더우니 아이들이 우유를 아침에 바로 먹도록 해 주면 좋겠다는 요청이 있었다"고 합니다. 일견, 지극히 합당한 제안처럼 들립니다. 하지만 교사들의 생각은 달랐습니다. 이 학교는 지금 제가 근무하고 있는 학교인데 우리 학교에서는 2교시 마치고 10시 30분부터 11시까지 30분 동안 중간 놀이 시간을 배치해 아이들이 자유롭게 뛰어놀게 합니다.

아이들이 실컷 뛰놀고 교실로 들어오면 목도 마르고 배도 헛헛하기 마련인데, 목마름과 허기짐을 동시에 해결하기 위해 요긴한 먹거리가 우유라는 게 우리 교사들의 생각이었습니다. 그러자 교장 선생님께서는 학부모님의 건의와 교사들의 이견을 절충하여 냉장고에 우유를 보관했다가 2교시 마치고 먹이는 걸로 결론을 내려 주셨습니다. 전교생 수가 60명밖에 안 되는 작은 학교이기에 가능한 처방이었습니다.

이 두 에피소드로부터 제가 말하고자 하는 것은 "이론과 실천의 관계"입니다.

'에피소드 1'를 겪었을 당시 저는 지금보다 훨씬 혈기 왕성했습니다. 저는 그때 그런 지시를 한 학교장이 참으로 잔인한 사람이라 생각했습니다. 배구공이 배구만을 위한 공이라면 초등학교 1~2학년 아이들에게 그 공은 그림의 떡일 뿐입니다. 좁은 운동장은 늘 고학년 학생들의 차지여서 저학년 아이들은 교장실 부근의 시멘트 마당에서 뛰어노는 상황에서 그 어린아이들이 연약한 발로 배구공을 차 대는 게 일탈 행위일 수 있을까요? 아이들이 마음껏 뛰놀 수 있는 대안을 마련할 생각은 않고 그저 배구공으로 축구하면 안 된다거나 유리창이 깨질 염려가 있다는 이유로 아이들의 놀이 활동을 원천 봉쇄하는 것이 교육적으로 합당한 처방일까요?

개인적으로 저는 그 교장 선생님과 같은 학교에 몇 번 근무했기 때문에 잘 아는 편이었습니다. 교감 시절부터 그분은 교사들 사이에 후덕한 품성의 소유자로 소문나 있었습니다. 그분은 딱 한 가지 단점을 빼고는 정말 괜찮은 분이었는데, 그 유일한 단점이 너무 치명적인 것이었습니다. 그것은 철학이 빈곤한 점입니다. 사실, "사람 좋다"는 말만큼 무의미한 말도 없습니다. 교육자가 사람이 좋으려면 "교육적으로 좋아야" 하는 것입니다.

모든 일이 그러하지만 교육 실천은 현명한 판단의 문제로 좁혀집니다. 교육자가 얼마나 교육적인 판단을 내리는가에 따라 아이들이 행복하게 학교생활을 해 가며 건강하게 성장해 갈 수 있는 겁니다. 그가 평교사라면 그가 맡은 한 학급 아이들의 행불행이, 학교장이라면 전교생의 행불행이 왔다 갔다 할 것입니다. 만약 그 교장 선생님께서 아동 발달에 대한 최소한의 양식을 갖고서 아이들의 눈높이에서 행복한 학교생활에 대한 고민을 약간이라도 하셨다면 그런 지시를 내리는 일은 없었을 것이라 생각해 봅니다.

한편, '에피소드 2'에서 학부모와 교사들의 생각의 차이는 어디에서 오는 것일까요? 말할 것도 없이 실천의 여부에 있습니다. 여름철에 우유가 상할 염려가 있다는 학부모의 의견은 누가 봐도 합당한 제안입니다. 그러나 이분은 중간 놀이 마치고 우유를 마시면 더 좋은 점을 모르는 겁니다. 이는 오직 교육 실천을 하는 교사가 돼 봐야지만 알 수 있는 판단입니다. 학생 수가 많아서 우유를 냉장고에 보관할 수 없는 상황이라 하더라도 저는 중간 놀이 이후에 우유를 마시게 할 겁니다. 우리 교사들의 경험으로 학생들이 2교시 마치고 상한 우유를 마실 가능성은 거의 없습니다. '에피소드 1'에서 불상사가 생겨난 원인이 교육 주체의 이론(철학)의 결핍 탓이라면, '에피소드 2'의 교사들이 학부모의 의견과 다른 자기 확신을 가질 수 있었던 것은 교육 실천을 담지하고 있었기 때문입니다. 물론, 학생 건강이나 안전 문제는 아무리 강조해도 지나치지 않습니다. 그러나, 최선의 교육 실천은 언제나 '선택'의 문제에 봉착하게 되는 바, 선택이란 둘 가운데 하나를 버리는 것을 말합니다. 교사의 보신과 학생의 행복 사이에서 전자를 위해 후자를 너무 쉽게 버리는 교사가 되지 말았으면 합니다. 교육은 주로 철학과 소신의 문제일 뿐입니다.

고교 시절 영어 공부할 때 탐독했던 《성문종합영어》에 나오는 한 구절이 생각납니다. 'Theory is one thing and practice is another.'

이론과 실제는 별개의 문제라고 합니다만, 어떠한 경우에도 이론과 실제(실천)는 나란히 나아갑니다. 우리는 아는 만큼 교육 실천을 할 수 있고, 실천하는 만큼 교육을 이해할 수 있습니다. 교육은 보육保育과 다릅니다. 올바른 교육은 아동에 대한 무조건적인 사랑이나 헌신으로 완성되지 않습니다. 아동과 사회를 올바로 이해하기 위한 이론

학교에서 크고 작은 사안에 대해 논의하는 기구로 교무 회의가 있는데 보통 직원 협의회라 불립니다. 교무 회의든 직원 협의회든 이 회의체는 의사를 제안하고 토론하고 결정하는 의사 결정 기구가 아니라 학교장의 필요에 따라 운영되는 임의 기구입니다. 직원 협의회라 하지만, 교사 다중의 의견을 모으는 협의는 없고 대부분 윗선의 의사를 아래로 관철시키기 위한 전달로 이루어집니다. 이 일방적인 상명하달의 순리를 거슬러 자리에서 벌떡 일어나 학교장의 의중에 반하는 발언을 펼치는 경우를 '벌떡 교사'라 일컫습니다. 선량한 교사의 입장에선 소신 있는 교사이지만 관리자의 입장에선 눈엣가시 같은 문제 교사죠.

물론, 모든 벌떡 교사가 교사 집단으로부터 지지를 받는 것은 아닙니다. 그러나 학교라는 유기체가 건강하게 유지되기 위해서는 일선에서 학생들을 직접 가르치는 교사들이 자유롭게 의사를 주고받는 것이 상식이련만, 벌떡 교사니 뭐니 하는 용어가 생겨나는 자체가 우리네 학교가 얼마나 불합리한 권위주의로 질식해 가고 있는가를 방증한다 하겠습니다. 벌떡 교사를 피해 자기 의중을 손쉽게 파급하기 위해 관리자들이 선호하는 회의 체계가 본문에서 언급한 부장 회의입니다.

선량한 관리자라면, 벌떡 교사를 기피할 이유가 없습니다. 만약 자신이 선량하게 학교를 경영하고 있음에도 회의 때마다 벌떡 일어나 돌출 발언을 일삼는 교사가 있다면, 그는 불선한 교사로서 저절로 교사 집단으로부터 도태될 겁니다. 반대로, 벌떡 교사의 의견이 합당하다면 관리자는 귀를 열고 그의 의사를 수용하고 나아가 고마움을 표할 것이기에 둘 사이의 불편한 충돌이 생겨날 일이 없을 겁니다. '에피소드 2'의 학교는 6학급 규모로 온화한 성품의 교장 선생님께서 학교를 민주적으로 경영하셔서 직원 협의회에서 구성원들이 자유롭게 토론하며 교사 주도로 바람직한 의사 결정을 이루어 가는 경우라 하겠습니다.

적 안받침이 돼 있어야 합니다. 교직을 전문직이라 칭하는 것은 이런 뜻 외에 아무것도 아닙니다.

우리가 관념 속에 저장한 이론적인 무엇은 교육 실천을 통해 더욱 실물적인 모습으로 재정립됩니다. 대학교 교육학 수업이나 임용 고시 공부할 때 이해가 잘 안 되던 것이 현장에 나와 학생들을 가르치면서 뒤늦은 깨달음이 이루어지는 경험을 합니다. 실천을 통해 이론의 타당성을 깨쳐 가는 과정에서 우리 현실에 맞지 않다 싶은 것들은 걸러질 겁니다. 이론과 실천이 서로 조화로운 통합을 이루며 진정한 자기 지식으로 정립되는 이 순간에 교사는 진정한 교육 전문가로 한 걸음씩 성장해 갑니다.

이론과 실천은 떼려야 뗄 수 없는 관계이기에 모든 교육 담론은 교육 현실을 바탕으로 구성되어야 합니다. 그럼에도 우리 사회에서 교육 이론은 교육학 교수, 교육 실천은 학교 교사의 몫으로 이분화 되어 있습니다. 사실 이것은 이론적으로나 상식적으로도 말이 안 되는 난센스입니다. 자연과학계에서는 어떤 가설이 이론으로 정립되기 위해 반드시 실험을 거칩니다. 실험실을 떠난 과학자나 과학 이론은 생각할 수도 없는 것입니다. 그러면, 교육 영역에서 실험실은 어디일까요? 두말할 것도 없이 학교 현장입니다. 수술실 근처에도 가 보지 않은 의대 교수를 생각할 수 없듯이, 학교 현장과 유리된 교육학자 또한

존 듀이는 시카고 대학에서 철학 교수로 있던 1896년에 소규모 초등학교를 대학 부속 학교로 개원하였습니다. 이것이 '듀이 스쿨'로 유명한 '실험 학교(The Laboratory School)'입니다. 듀이의 실험은 7년 반 동안 계속되었는데, 이 실험 학교에서의 실천이 이후 듀이의 저작에 중요한 밑거름이 되었다고 합니다.

생각할 수도 없습니다. 그런데 유감스럽게도 그런 분들이 우리 사회의 교육 담론을 지배하고 있습니다. 그런 분들이 교육정책을 입안하고 현장에 유포하여 현장 교사들의 공분을 사는 경우가 많습니다.

이론과 실천, 교육 담론과 교육 실제의 괴리가 좁혀져야 합니다. 그러기 위해서는 교육학자들이 현장에 가까이 다가가고 반대로 현장 교사들은 교육 이론을 폭넓게 섭렵하는 노력이 요구됩니다. 이론을 학자들의 몫으로 돌리지 말고 우리 스스로가 이론을 가까이하여 전문성을 신장해 갑시다. 교육 실천가인 교사들이 교육 이론을 가까이 하면 대학교수보다 더 유능한 교육 이론가가 될 수 있습니다. 각종 교사 연수에서 연수생들로부터 높은 만족도를 얻는 강사들은 이론적 깊이를 갖춘 현장 교사들이라는 사실이 이를 방증합니다.

끝으로, 이론-실천과 관련하여 교육 운동 진영(전교조)에서 흔히 볼 수 있는 그릇된 경향성에 대해 말하고자 합니다. 우리 사회 운동 진영에서 흔히 듣게 되는 말이 "실천이 중요하다"는 겁니다. 이런 분들은 이론적인 무엇을 관념적인 것으로 경시해 버립니다. 그러나 이러한 사고방식이야말로 관념적이며 마르크스주의 철학에서 말하는 형이상학 딱 그것입니다. 마르크스주의적 입장에서 이론과 실천의 분리는 생각할 수도 없습니다. 그리고 진보적인 사상가 가운데 그 누구도 이론의 가치를 폄하한 적이 없습니다. 오히려 이론이 결여된 맹목적 실천의 위험성을 경고했을 뿐이죠. 레닌은 "혁명 이론 없는 혁명 실천은 생각할 수도 없다"고 했고, 마르크스는 "지금까지 그 누구에게도 무지가 도움이 된 적이 없다"는 말을 남겼습니다.

저도 그렇지만 사회의 진보를 소망하는 분들은 실천이란 말보다 '프락시스'라는 운치 있는 표현을 선호할 겁니다. 실천이란 뜻의 영어 단어 'practice'의 어원인 그리스어 'praxis'는 원래 아리스토텔레스의 개념입니다만, 한국 사회운동 진영에서는 아마도 칠팔십 년대 활동가들에게 지대한 영향을 끼친 진보적인 교육 사상가 파울루 프레이리의 개념에서 유래했을 것으로 봅니다. 프레이리에게 프락시스는 행동주의activism와는 거리가 멉니다. 프락시스란 간단히 "성찰reflection이 수반된 행위action"로 정의됩니다. 어떤 성찰이 행위로 이어지고 그 행위를 다시 성찰하면서 어떤 오류를 수정 보완한 뒤 새로운 행위를 감행해 가는 일련의 과정, 즉 성찰-실천-재성찰-재실천의 부단한 과정이 프락시스인 것입니다.

과감한 행위만 있고 진지한 성찰은 찾아보기 힘든 것이 우리 사회운동 진영의 자화상이 아닌가 생각합니다. 칠팔십 년대에 비해 모든 것이 엄청나게 변했는데도 운동 방식은 그때와 달라지지 않은 것은 프락시스의 양축 '성찰'과 '행위'의 통합이 이루어지지 않았기 때문일 겁니다. 그 결과 현재 우리 사회 진보 진영은 쇠락해 가고 있습니다. 현실과 동떨어진 실천, 현실에 대한 진지한 성찰이 없는 실천은 실천이 아닙니다. 현실과 유리된 실천은 아무것도 실현할 수 없습니다.

비움과 채움

　교직의 가장 큰 매력은 방학이 있는 것이라고 합니다. 이 세상에 교사인 사람 외에 이렇게 긴 휴가 기간을 갖는 직업인은 잘 없을 겁니다. 대통령도 못 누리는 호사가 교사의 방학이 아닌가 싶습니다. 물론, 방학은 학생을 위한 방학이지 교사를 위한 방학은 아닙니다. 하지만 학생이든 교사든 일반인이든 사람은 휴가를 통해 의미 있는 변화와 성장을 꾀할 수 있다는 논거로 '비움과 채움'의 역설에 대한 이야기를 풀어 보겠습니다.

　방학은 영어로 'vacation'인데, 라틴어로 '무엇으로부터 자유로워지는 것'을 뜻하는 '바카티오vacatio'에 그 어원을 두고 있습니다. 유사 어원으로 라틴어 'vacuus'는 '텅 비우다'란 의미인데, 이로부터 파생된 단어가 'vacant텅 빈'나 'vacuum진공'입니다. 방학(휴가)의 프랑스어에 해당하는 '바캉스vacance' 또한 이 어원에서 파생된 것입니다. 이처럼, 방학이란 말은 어원상 '무엇으로부터 자유로워지기' 또는 '텅 비우기'란 뜻이라는 걸 기억하기 바랍니다.

　입시 위주의 경쟁 교육에 찌들어 있는 우리 학생들이나 학부모님들은 방학을 맞아 공부를 하지 않으면 뭔가 불안한 심리에 빠집니다. 이는 공부를 하지 않는 것은 곧 발전하지 않는 것을 의미한다는 그릇된 판단에서 비롯됩니다. 그러나, 과연 우리의 사고가 언제 진정으로 성장하는지 생각해 봐야 합니다.

독서실에서 머리 싸매고 '열공' 하면 시험이라는 특별한 기제에는 이로울지 모르지만 정신적·지적 성숙에는 별 도움이 안 됩니다. 교육학 용어로 '드릴drill'이라 일컫는 이러한 학습 노동은 인간이 인간답게 성장하는 데 오히려 방해가 될지도 모릅니다. 인간의 성장은 차라리 모든 것을 텅 비우고vaccus 일상에서 벗어나 기차에 몸을 싣고 여행을 떠날 때 한층 성장합니다. 긴긴 겨울방학 뒤에 다시 만났을 때 마치 낯설게 느껴질 만큼 부쩍 성장해 온 아이들은 대개 이런 경험을 한 경우입니다. 반면, 학원이나 독서실 따위를 부지런히 왔다 갔다 하며 일상의 쳇바퀴를 못 벗어난 아이들에게서는 그런 성장의 징후를 못 느낍니다.

고3 수험생이라면 몰라도 초등학생들의 방학은 텅 비우게 해야 합니다. 방학 때 아무것도 안 한다는 생각으로 학원을 평소보다 2배로 돌리고 하면 아이를 망칩니다. 성장하는 아이의 그릇은 채울 때보다 비울 때 커집니다. 그리고 이 비움을 통해 학생은 긴 호흡으로 멀리 갈 수 있는 힘을 길러 갑니다. 멀리 뛰기 위해 몸을 움츠리는 개구리의 동작을 퇴행으로 보지 않듯이, 먼 길 가는 여행자가 잠시 쉬는 것을 게으름으로 볼 수 없는 것이지요. 학업을 수행하는 것은 장거리 여행이고 마라톤입니다. 마라톤 선수가 초반부터 전력으로 달리면 어떻게 되겠습니까? 초등학생 시절에 학원을 여러 군데 다니면서 학급에서 우등생 소리 듣던 아이가 상급 학교에 진학해서는 공부에 염증을 느끼고 학교생활 부적응아가 되는 안타까운 경우를 최근 빈번하게 봅니다.

이 비움과 채움의 역설은 놀랍게도 학습과 수면의 관계에도 그대로 적용됩니다. 잠자는 동안 우리의 두뇌에서는 놀라운 일이 일어납니다. 뇌는 우리가 낮에 학습한 것을 임시로 저장해 두었다가 수면 시간에 기억으로 완성합니다. 잠을 자는 동안 낮에 공부한 내용을 정리하는 것입니다. 정보의 양이 많으면 저장하고 기억하는 데도 더 많은 시간이 걸리겠죠. 낮에 많은 것을 학습했다면 그날 밤에 더 많이 자야 하는 겁니다. 이런 까닭에 수면은 또 다른 학습 과정이라 말할 수 있습니다. 밤잠 설쳐 가며 공부하는 학생치고 학업 성적이 썩 우수한 경우가 잘 없는 이유가 이것으로 설명이 됩니다. 중학생 시절에는 자기 몸을 학대해 가며 좋은 성적을 유지할 수 있는지 모르지만 고등학교에 가면 한계가 드러납니다. '1시간 덜 자면 장래 직업이 바뀐다'는 고3 교실에 붙은 천박한 구호와는 달리, 공부를 잘하기 위해선 잠을 많이 자야 하는 것입니다.

학생들의 공부와 마찬가지로 어른들의 일도 그러합니다. 일의 능률은 휴식이 뒷받침될 때 생겨납니다. 상식적으로도 쉬어야 일을 할 수 있죠. 실로 역사상 위대한 발견은 대부분 휴식 시간에 이루어졌습니다. 뉴턴이 만유인력을 발견한 것도 산책길에서였고 베토벤은 밤길을 거닐다가 〈월광 소나타〉를 작곡했습니다. 학생이든 어른이든 인간의 그릇은 비울 때 제대로 쓰일 수 있습니다. 그릇의 존재론은 무엇을 담기 위한 것인데, 담기 위해서는 먼저 비워야 하는 것입니다. 이처럼, 채움과 비움의 역설이나 거기서 파생되는 일과 휴식, 학습과 수면의 관계 또한 일견 상극적인 것으로 보이지만 실상은 상호 밀접하게 연관된 속성이라는 통합적 관점으로 정리가 됩니다.

아메리카 인디언들은 급히 말을 달리다가도 한 번씩 멈춰 서서 반드시 뒤를 돌아본다고 합니다. 너무 급히 달린 나머지 자신의 영혼이 못 따라올 것을 염려해서라고 합니다. 그런데 우리 한국인들은 죽자고 앞만 보고 열심히 달려 왔습니다. 그 결과 눈부신 경제적 성장은 이뤘지만 우리의 영혼이 미처 못 따라와 각종 사회적 병리 현상이 속출하고 있습니다. 아이들이 병들어 가고 학교가 황폐화되어 갑니다. 아이들이 병든 사회의 미래가 밝을 수 없습니다. 우리 아이들의 건강한 성장을 위해 우선 아이들에게 놀이터와 방학을 돌려주었으면 합니다. 실컷 뛰놀게 하고 나름의 그릇으로 성장하기 위해 가끔씩 텅 비우게 하면 좋겠습니다. 부모님들은 방학 때 아이들 학원 덜 보내고 선생님들은 방학 숙제를 적게 냈으면 합니다.

동양에서 온 낯선 사람들을 반갑게 맞이하던 스웨덴 초등학교 아이들의 모습입니다. 카메라를 들고 다가가니 저렇게 포즈를 취합니다. "우리는 협력해서 이렇게 용감한 동작을 취할 수 있어요"라고 자랑하는 것 같았습니다. 실제로 그랬습니다. 그렇게 성장해 가는 아이들이 몹시 부러웠습니다. 그만큼 한국 아이들의 현실이 슬펐습니다.
© 엄장호

가르침과 배움

교사의 삶은 가르침을 떠나 생각할 수 없습니다. 교사는 학생을 가르치는 사람입니다. 교육하는 삶의 행복은 무엇보다 이 가르치는 일에서 생겨납니다. 일찍이 맹자도 군자의 세 가지 낙 가운데 하나가 가르침에 있다고 말씀하셨죠.

우리는 보통 가르침과 배움을 별개의 것으로 생각하는 경향이 있습니다. 그러나 가르침과 배움은 동전의 양면처럼 한 몸을 이룹니다. 교사의 본분인 수업은 교수와 학습의 상호작용에 다름 아닙니다. 그래서 수업 지도안을 '교수-학습 계획안'이라 일컫는 것이죠. '교수 학습 과정안'이라고도 부르는 이 계획서는 교수 활동은 교사의 몫으로, 학습 활동은 학생의 몫으로 칼같이 구분하여 나타내는데, 저는 수업 설계도에 함축된 이러한 기계적 사고에 유감을 품습니다. 수업의 과정 속에서 교사는 가르치기만 하고 학생은 배우기만 하는 것은 결코 아니기 때문입니다.

가르침과 배움은 각기 따로 있지 아니합니다. 가르침이 곧 배움이고 거꾸로 배움이 곧 가르침입니다. 구체적으로 말씀드리면, 첫째, 교사는 학생을 가르치지만 학생으로부터 배우기도 합니다.

"모든 것을 아는 사람도 없고 아무것도 모르는 사람도 없습니다."

파울루 프레이리의 이 말은 교사가 학생으로부터 배울 수 있음을 간단하게 설명해 줍니다. 물론, 프레이리의 교육 사상은 브라질의 민중을 대상으로 한 교육 실천에서 형성된 것이기에 그가 말하는 학생(학습자)은 성인이었습니다. 그러나 이 말의 유효성을 굳이 성인에 국한할 필요는 없을 겁니다. 초등학생일지라도 교사가 모르는 것을 얼마든지 알 수 있으며 교사는 어린 학생으로부터 무엇을 배울 수 있다는 것은 결코 과장된 어법이 아닌 것입니다.

둘째로, 가르침이 곧 배움이라는 역설의 변증에 놓인 설득력은 교사가 최선의 가르침을 위해 몰두하는 '수업 연구'라는 지점에서 명백해집니다. 교사는 자신이 이미 알고 있는 지식만을 학생에게 전수하는 것이 아닙니다. 만약 이런 식으로 수업에 임하는 교사가 있다면 그는 교육 소비자에게 지식을 판매하는 지식 장사꾼에 불과하며, 그의 장사 밑천은 곧 바닥이 드러나 고객으로부터 외면을 받을 것입니다. 우리 주변에 이런 교사들이 없지 않지만, 최선의 가르침을 위해 끊임없이 배우고자 하는 자세를 갖추지 않는 교사는 참다운 교육자라 할 수 없습니다. 교사의 삶은 부단한 자기 연찬으로 이어져야 합니다.

교사가 가르치면서 배우게 되는 그 세 번째의 이치 또한 학생의 존재로부터 말미암습니다. 그러한 예를 우리는 교육 실천 속에서 학생의 반응을 통해 확인할 수 있습니다. 이를테면 아이들의 일기장을 검사할 때 (아이들에게 일기를 쓰게 하는 것이나 그것을 검열하는 것이 바람직한가 하는 문제는 논외로 칩시다.) '아, 내가 이 아이에게 너무 무심했구나' 하는 식의 반성을 해 가면서 학급경영이나 학생 생활지도에서 전략과 전술 그리고 태도를 수정해 가며 더 나은 교사로 성장해 갑니다. 또한, 평가에서 시험지 채점을 하면서 교사는 자신의 가르침에 어떤 문제가 있는지를 점검하고 수업 개선의 계기로 삼을 수 있습니다. 특정 문항에서 많은 학생들이 오답을 보인다면 그것은 학생에게 문제가 있는 것이 아니라 가르친 사람에게 문제가 있는 것입니다. 학생은 교사의 거울입니다. 교사는 학생의 반응이라는 모니터링을 통해 자신의 교육자적 역량과 자질을 개선해 갈 수 있습니다. 이 모든 것이 학생이 있기에 가능하기 때문에 결국 교사는 학생을 가르치면서 학생으로부터 배우게 되는 것입니다.

우리는 배웁니다	We learn
글로 읽을 때는 10%를,	10% of what we read,
말로 들을 때는 20%를,	20% of what we hear,
눈으로 볼 때는 30%를,	30% of what we see,
눈으로 보고 귀로 들을 때는 50%를,	50% of what we both see and hear,
다른 사람과 토론할 때는 70%를,	70% of what is discussed with others,
몸소 경험할 때는 80%를,	80% of what we experience personally,
다른 사람을 가르칠 때는 95%를.	95% of what we teach someone else.

정리하면, 교사는 학생을 가르치면서 더 나은 교사로 발전해 가기 때문에 교사는 학생과 동반 성장해 가는 학습자라 하겠습니다. 그리고 교사의 성장만큼 더 나은 교육이 이루어질 것이기에 교사의 성장은 학생의 입장에서도 축복이라 할 것입니다. 가르침이 배움과 밀접한 관계에 있다는 것, 최고의 배움은 가르침을 통해 가능하다는 윌리엄 글래서William Glasser의 위 표와 같은 말을 곱씹어 봤으면 합니다.

교육은 관계다

교육에 대해 많은 학자들이 다양한 방식으로 정의를 내리고 있습니다만, 어떠한 식이든 교육은 결국 "사람을 성장시키는 것"으로 요약될 것입니다. 교사의 교육 행위는 엄연한 '노동'입니다. 그런데 교육 노동은 노동의 주체와 노동의 객체가 모두 사람이라는 점에서 특수성을 갖습니다. 즉, 교육은 노동 대상이 사람이라는 점에서 인간이 행하는 다른 모든 노동과 구별됩니다. 그래서 저는 교육의 핵심을 "사람과 사람의 관계 맺음"에 있다고 봅니다. 존 듀이가 "교육은 삶이다"라고 한다면, 저는 "교육은 관계다"라 하겠습니다. 물론, 관계가 교육의 전부는 아닙니다. 인간과 인간이 만나는 관계 맺음에서 반드시 인간 행동의 변화가 일어나지만, 그 모든 변화가 다 교육적인 것은 아닙니다. 그러나 피터스R.S. Peters가 말했듯이, 교육이라는 말 속에는 내재적으로 "가치 있는 변화"라는 의미가 포함되어 있기 때문에 "바람직한"이란 수식어는 불필요합니다. 그래서 간명하게 "교육은 관계다"라고 규정하겠습니다.

학교에서 학생들이 관계를 통해 교육적으로 성장해 갈 때, 이들이 학교에서 관계를 맺는 대상은 두 부류입니다. 하나는 교사이고 다른 하나는 또래들입니다. 우선, 교사-학생 관계의 의미에 대해 제 초임 시절 시골 학교에 근무할 때의 경험을 소재로 이야기를 풀어 가겠습니다. 그 학교는 작은 6학급 규모로 교사 수도 여섯이 전부여서 개별 교사의 면면이 학부모는 물론 학생들에게도 훤히 노출되어 있었습니다. 지금도 그러하지만 그 시절에 학생이나 학부모들은 젊은 교사를 선호하고 나이 든 교사를 기피했습니다.

그 호불호의 판단에는 나름 선명한 이유가 있었습니다. 교직의 사회적 위상이나 처우가 그리 좋지 않았던 그 시절에 선배 교사들은 교직에 대한 자부심이나 자존감이 빈곤했고 그에 따라 책무성도 희박했습니다. 지금 이야기에서 언급되는 선배 교사도 그런 한 사람이었습니다. 환갑이 넘은 노회한 교사로, 이분은 이를테면 겨울철에 쉬는 시간마다 교무실에 와서 난롯불을 쬐다 교실로 들어가는데 10분 늦게 수업 들어가서 10분 일찍 나오는 식이었습니다. 지금 같으면 이런 분은 교단에서 버티지 못하겠지만 그 시절에는 학부모 사이에 민원이란 개념 자체가 없었고, 또 이분은 학교를 벗어나면 마을에서 권위 있는 어르신이었기 때문에 학부모들은 그저 발만 동동 구를 뿐이었습니다.

우리 반의 한 여자아이의 3학년 남동생이 그 선생님의 반이었는데, 이 집 학부모는 그 시절 먹고살기 급급해 아이들 학교에 맡겨 놓고 신경을 안 쓰는 여느 시골 학부모와 달리 자녀 교육에 샘이 많은 편이었습니다. 그래서 만날 때마다 그 선생님에 대한 불평불만을 늘어놓는데, 흥미로운 것은 그럼에도 아이가 자기 담임선생님이 최고라 한다는 것이었습니다. 그래서 자신은 더욱 환장하겠다며 좌중의 웃음을 자아냈는데, 저도 같이 웃었지만 내심 아이의 그 말은 저의 정수리를 강타하며 어떤 성찰을 요청해 왔습니다.

초등학교 3학년이면 담임교사에 대해 알 건 다 아는 나이입니다. 그 선배 교사는 내가 절대 닮고 싶지 않은 '한심한 선생'이었는데, 그 아이는 왜 자기 담임선생님이 모든 선생님 가운데 제일 좋다 하는 것일까요? 그 같은 이치는 지금 제가 말하는 관계론으로 설명이 됩니다. 아이의 대답은 '우리 엄마가 왜 세상에서 제일 좋은가' 하는 물음에 대한 답과도 같은 것일 겁니다. '우리 엄마이기 때문에'와 마찬가지로 '우리 선생님이기 때문에' 많고 많은 선생님 가운데 제일 좋은 것입니다. 이 끈끈한 유대감은 미성숙한 어린 학생의 경우 그 맹목성이 절대적일 것이기에 초등 교사에게는 교육자적 양심에 터한 엄격한 책무성과 자기 규율 정신이 요구됩니다. 그러나 한편으로 초등 교사는 이러한 교사-학생의 관계성을 잘 활용함으로써 교육의 효율성을 꾀할 수도 있습니다. 사실 교사-학생 사이의 이 원초적 관계성이 교육이라는 수레가 굴러가는 근본 동력인지도 모릅니다.

아이들은 교사를 따릅니다. 교사가 좋아하는 것을 좋아합니다. 교사가 관심을 갖는 것에 관심을 갖습니다. 교사가 가치를 품는 것에 아이들도 가치 의식을 지녀 갑니다. 아이들에게 책을 가까이하게 하고 싶다면 교사가 책을 가까이하면 됩니다. 교사가 인상 깊게 읽은 책 이야기를 아이들에게 약간의 감동과 흥미를 곁들여 들려주면, 그 다음 주 월요일 아이들의 손에 그 책이 들려 있는 경우를 때때로 보게 됩니다.

아이들이 상혼에 찌든 천박한 대중가요에 탐닉하는 것이 염려스럽다면 가치 있는 음악을 들려주십시오. 그냥 음악만 들려주지 말고 음악에 얽힌 배경지식과 함께 들려주면 좋을 것입니다. 그러나 더욱 확실한 전략으로, 교사가 그 음악을 좋아하게 된 계기로 이를테면 '이 음악을 들을 때마다 어릴 적 어떤 추억이 떠오른다'거나 '어떤 사람이 생각난다'고 하면 아이들은 그 음악에 빠져들 겁니다. 엄마와 함께 우연히 차의 라디오를 통해 그 음악을 듣게 되면 아이는 탄성을 내지르는데, "아, 저거 무슨 음악이다"라고 하지 않고 "아, 저거 우리 선생님한테 배운 무슨 음악이다"라고 합니다.

교사가 들려주는 책 이야기나 음악 이야기에 아이들이 빠져드는 것은 '객관적으로 그 교육적 소재가 좋아서 그런 것'이라거나 '교사의 역량 문제가 아닌가?' 반문하실지도 모릅니다. 결코 그렇지 않습니다. 그러한 메커니즘은 객관적이 아니라 지극히 주관적으로 작동됩니다. 위의 예시, 독서나 음악에 관한 이야기는 제가 저희 반 아이들을 대상으로 투입-산출한 결과를 예로 든 것입니다. 그런데 흥미 있는 것은 우리 집 아이에게는 이 방식이 잘 먹혀들지 않는 점입니다. 그 이유는 간단합니다. 저는 우리 아이의 부모이지 우리 아이의 선생이 아니기 때문입니다. 이것은 오직 '관계성'이란 측면으로 접근할 문제인 것입니다.

아이들은 교사가 좋아하는 것을 좋아하게 될 뿐만 아니라 교사가 잘할 수 있는 것을 잘하게 됩니다. 교사의 특별한 역량을 자기 것으로 내면화해 가는 것입니다. "교육의 질은 교사의 질을 능가하지 못한다"는 명제를 저는 교사의 자질과 역량만큼 아이들이 성장할 수 있다는 긍정적인 의미로 해석하고자 합니다. 교사의 키만큼 학생이 커가는 이러한 이치는 특히 예체능 교과의 교수-학습 과정에서 실감 나게 목격할 수 있습니다. 어린 학생들은 이성보다는 감성, 논리보다는 직관으로 사물을 수용하기 때문입니다. 악기 연주든 공예든 줄넘기든 학생들은 교사가 할 수 있는 만큼 그 기량을 터득해 갑니다.

상식적인 관점에서 어린아이에게는 불가능하다 싶은 기능을 아이들이 거뜬히 성취해 내는 근본 동인은 '교사-학생의 관계성'에 있습니다. 교사의 시범을 통해 학생은 우선 "저것은 사람이 할 수 있는 일"이라는 동기부여를 받아 성취해 보려고 시도합니다. 그리고 마침내 그것을 실현하게 됩니다. 이것은 비고츠키 학자들의 개념 '공유된 활동shared activity'으로 설명이 되는데, 공유된 활동은 비단 교사-학생뿐만 아니라 또래 집단 내에서도 이루어집니다. 그러나 또래들끼리의 관계에 비해 교사-학생의 관계에서 이루어지는 공유된 활동은 그 수준을 달리할 것이기 때문에 학생은 교사를 매개로 훨씬 높은 벽을 뛰어넘을 수 있게 됩니다.

학생의 성장에 영향을 미치는 요인으로 교사 대 학생의 관계 못지않게 학생 대 학생의 관계 맺음 또한 매우 중요합니다. 미성숙한 어린 학생에게 교사의 영향력은 절대적일 것이지만, 또래가 또래의 성장에 미치는 영향력 또한 아이의 연령이 낮을수록 지대합니다. 교사-학생 관계가 수직적인 반면 또래끼리의 관계 맺음은 수평적인 면에서 이 두 관계 맺음은 성격을 달리합니다. 주의력과 집중력이 결핍된 세 살 난 유아가 보육 교사의 여타한 노력에도 개선의 조짐을 보이지 않다가 또래들과의 학교 놀이에서 학생 역할을 수행할 때는 오랜 시간 동안 주의 집중을 잘 하였다는 보고가 있습니다.《정신의 도구》, 94쪽

두 상호작용에서 어떻게 이런 차이가 발생하는가에 대해 책에서는 이유를 밝히고 있지 않지만, 저는 두 관계성의 차이에 있다고 생각합니다. 수직적 관계 대 수평적 관계는 타율성 대 자율성과 조응할 것

입니다. 교사의 지시는 외적으로 강제된 것이지만 또래끼리 수행하는 놀이에서 규칙을 준수하는 것은 자기 스스로 받아들인 것입니다. 교사의 지시에 대해 아이는 내키지 않으면 안 해 버리면 그만이지만, 또래와의 관계에서 수행하지 않는 것은 곧 무능과 수치로 연결될 것이기 때문에 아이는 자신의 명예를 지키기 위해서라도 책임 있는 반응을 보이는 것입니다.

비단 유아의 경우뿐만 아니라 초등이나 중등 학생에게서도 이런 점을 쉽게 볼 수 있습니다. 가장 흔한 경우는 교사 앞에서는 좀처럼 말이 없는 아이가 또래끼리는 적극적으로 자기 의사를 표현하는 것입니다. 이러한 점을 감안할 때 교사가 일방적으로 주도하는 강의식 수업보다는 학생들끼리 활발하게 상호 작용할 수 있는 모둠 학습 형태를 자주 갖게 함으로써 학생 간의 공유된 활동을 활발히 나눌 수 있게 하는 것이 좋습니다. 비고츠키 학자들에 의하면, 교사와 공유하는 활동보다 또래끼리 공유하는 활동에서 학습의 효과가 배가된다고 합니다.

교실 상황에서 또래끼리 배움을 주고받는 보편적인 경우는 학습 역량이 유능한 아이가 그렇지 않은 아이에게 도움을 주는 것입니다. 학생이 학생을 가르치는 이러한 튜터링을 예전에는 '접장제'라 일컫다가 오늘날 학교 현장에서는 학생 간 멘토-멘티라는 명칭을 부여하기도 합니다. 그런데 이 학생 간의 튜터링에서 멘토 학생에게 일방적인 희생 또는 헌신을 강요하는 점에서 교사 입장에서 어떤 불편한 마음을 떨치기 힘듭니다. 사실을 말하면, 튜터링 과정에서 멘티보다 멘토가 득 보는 점이 훨씬 많습니다. 무릇 최고의 배움은 남을 가르칠 때 일어나기 때문입니다.

아인슈타인은 "쉽게 설명하지 못하면 모르는 것과 같다"고 했습니다. 멘토 학생은 멘티가 알아들을 수 있게 쉽게 설명하기 위해 타인의 입장에서 자신의 앎을 새삼 돌아봄으로써 자기 지식을 더욱 정교하게 발전시킵니다. 어려운 수학 문제를 척척 잘 풀어내는 아이도 칠판에 문제를 풀게 하고 친구들에게 설명해 보라고 하면 막히는 경우가 많습니다. 바로 이 순간 교사는 '앎에도 수준이 있는데 최고 수준의 앎은 남에게 쉽게 설명하는 것'이라는 점을 일깨워 줍니다. 그래서 멘토-멘티 관계는 결코 어느 한 사람이 일방적으로 득을 보거나 손해 보는 관계가 아니라는, 둘은 서로의 성장을 돕는 선량한 관계라는 점을 인식시켜 줍니다.

또래끼리의 공유된 활동에서 학생의 성장이 일어나는 가장 의미 있는 국면은 비고츠키 학자들이 '타인 조절other-regulation'이라 일컫은 것입니다. 애나 어른이나 인간은 자기 잘못보다는 남의 잘못을 먼저 발견합니다. 교실에서 우리는 하루에도 수십 번 남의 잘못을 교사에게 일러바치는 아이들을 보게 됩니다. 고자질이라 일컫는 이것에 비고츠키 학자들은 '타인 조절'이라는 의미를 부여하였습니다.

이들은 타인 조절이 자기 조절로 향하는 첫걸음이라 했습니다. 즉, 고도의 정신 기능인 자기 성찰 능력은 타인 조절이라는 관문을 거쳐서만 이를 수 있다는 뜻입니다. 우리는 어른들이 타인 조절을 하는 경우에는 타산지석이니 반면교사니 하는 고상한 의미를 부여하면서 아이의 타인 조절에 대해서는 고자질이라는 오명을 씌웁니다. 그러나 교사는 아이들의 왕성한 타인 조절 욕구를 자기 조절의 계기로 활용하는 지혜를 가져야 합니다.

"너나 잘 하세요!"라는 말 대신, 친구의 오류를 자기 오류의 거울로 삼가끔 스스로를 돌아보게 합니다. 나아가 교사는 타인 조절이 자기 조절로 이어지는 이 절묘한 전화轉化의 이치를 아이들의 도덕성 발달 뿐만 아니라 지적 발달에서도 활용할 수 있습니다. 이를테면 맞춤법이나 띄어쓰기 지도를 할 때 칠판에 쓴 문장 가운데 틀린 것을 찾아내게 하는 식입니다. 놀랍게도 아이들이 찾아내는 오류 가운데 상당수는 평소 자신이 잘못 구사하는 것들입니다. 이러한 타인 조절 경험을 바탕으로 아이들은 올바른 맞춤법을 자기 역량으로 획득해 갈 수 있습니다.

저의 소박한 교육철학인 '관계의 교육론'은 신영복 선생님으로부터 영향을 많이 받았습니다. 그분 책에 유명한 우생학자 프랜시스 골턴의 흥미 있는 일화가 소개되고 있습니다. 영국의 한 시골 장터에서 황소 한 마리를 무대에 올려놓고 몸무게를 맞히는 퀴즈가 열렸는데, 800명이 참가하여 각자가 생각한 소의 몸무게를 종이 쪽지에 적어 내게 했습니다. 그러나 소의 몸무게를 정확히 알아맞힌 사람은 아무도 없었습니다. 그런데 놀라운 것은, 쪽지에 적힌 숫자들을 다 더해서 전체 참가자 수로 나눴더니 소의 몸무게와 정확히 일치하더라는 것입니다.

이 일화가 말해 주는 교훈은 집단 지성의 위력입니다. 아이들 가르치면서 이 집단 지성의 위력을 실감할 때가 많습니다. 영어 수업 시간에 어려운 발음을 지도할 때나 음악 시간에 리코더 지도를 할 때, 개별 학생에게 시켜 보면 정확히 따라 하는 아이가 잘 없는데 동시에 시켜 보면 정확한 발음, 예쁜 음색의 소리를 냅니다. 음악 용어로 '앙상블'이라 일컫는 이 집단 조화의 묘미를 통해 학생들에게 개인의 능력은 미미할지라도 그 능력의 총합은 위대하다는 의미에서 관계의 소중함을 일깨워 주면 좋을 것입니다.

　유념할 것은 전체는 부분의 단순한 총합이 아니라는 점입니다. 한 사람이 각각 1의 역량을 지니고 있을 때 열 명이 모이면 그 총합은 10에 못 미칠 수도 있고 10을 훨씬 넘을 수도 있습니다. 교사라는 지휘자가 교실이라는 오케스트라를 어떻게 이끄느냐에 따라 아이들의 합주는 앙상블이 될 수도 있고 불협화음이 될 수도 있습니다. 가장 중요한 것은 교사와 학생, 학생과 학생이 어떻게 만나는가 하는 것입니다.

대화적 관계

무릇 교육이 교사와 학생 사이의 관계 맺음을 근간으로 이루어진 다 할 때, 이 둘 사이의 관계 형성은 결코 일방적으로 이루어져서는 안 됩니다. 교사-학생의 관계 맺음은 교사가 주도권을 쥐되 양방향으로 이루어져야 합니다. 이 양방향의 관계 맺음을 파울루 프레이리는 '대화적 관계'라 일컬었습니다. 프레이리의 대화dialogue는 "세계를 매개로 사람과 사람이 관계를 맺는 방식"으로 정의됩니다. 프레이리는 대화가 이루어지기 위해서는 먼저 만남이 이루어져야 한다고 했는데, 이는 실존주의 교육철학자 볼노브O. F. Bollonow의 명제 "만남은 교육에 선행한다"는 말과 다르지 않습니다.

프레이리의 대화 개념에 영향을 끼친 만남encounter의 철학자 마르틴 부버에 따르면, 사람과 사람이 맺는 관계 방식은 '나-너'의 관계와 '나-그것'의 관계가 있다고 합니다. 나-너의 관계는 인간 대 인간의 관계로서, 무엇으로도 대체될 수 없는 유일한 나와, 마찬가지로 대체 불가능한 너가 상호 신뢰에 바탕한 만남을 가집니다. 이에 반해, 나-그것의 관계는 상대방의 존재를 기능적인 어떤 것으로 여깁니다. 이

때 상대방은 목적 달성을 위해 언제든 다른 대상으로 대체될 수 있으며, 목적 실현을 위한 도구로서만 의미를 갖습니다.

안타깝게도 오늘날 우리 학교 현실에서 교사와 학생의 관계 맺음은 점차 나-너 관계에서 나-그것의 관계로 옮아 가고 있습니다. 학교가 인간 대 인간의 만남이 아닌 생존을 위한 치열한 각축장이 되어 가고 있고 교육이 교육 상품으로만 의미를 갖는 현실 속에서 교사-학생의 만남이 물화物化되어 가고 있는 것입니다. 그러나 이런 우울한 현실을 탓하면서 인간화 교육을 포기할 수는 없습니다. 설령 학생과 학부모가 교사를 나-그것의 관계로 보더라도 교사는 학생을 나-너 관계 맺음으로 품어야 합니다.

프레이리는 말합니다. 세계와 인간을 향한 따뜻한 사랑은 대화의 토대인 동시에 대화 그 자체라고 말이죠. 사랑과 겸손, 신념에 뿌리를 둔 대화가 만들어 내는 수평적 관계에서는 교사-학생 사이에 상호 신뢰의 싹이 틀 겁니다.

대화적 관계는 학급경영이나 생활 안내(생활지도)에서뿐만 아니라 교수-학습 활동에서도 필수적입니다. 사토 마나부는 만남과 대화의 유무에 따라 공부와 배움을 구별 짓습니다. 공부가 만남과 대화 없이 기계적으로 이루어지는 학습을 의미하는 반면, 배움은 만남과 대화에 바탕한 진정한 의미의 학습을 뜻합니다.

사토 마나부는 배움의 과정에서 학생은 세 가지 측면에서 만남과 대화를 경험한다고 합니다. 즉, 학생은 사물(대상 세계)과 만나고 타자와 대화하고 자기 자신과의 대화를 통해 앎의 지평을 넓혀 갑니다. 하지만, 공부에서 학생들은 지적 호기심을 충족시키기 위해서가 아니라 오직 성적을 올리기 위해 문제집과 씨름합니다. 학생들이 사물 혹은 세계와 만나는 게 아니라 문제 풀이를 만날 뿐입니다. 삶과 교육이 동떨어져 있으니 공부가 어렵고 재미가 없습니다. 또한 배움에서 학생들은 또래 학생들과 서로 협력하여 문제를 해결해 가지만 공부에서는 급우들을 경쟁 상대로 배척해 갑니다.

사토 마나부의 공부-배움의 대비는 프레이리의 은행 저금식 교육banking education과 문제 제기식 교육problem-posing education과 일맥상통한 면이 있습니다. 은행 저금식 교육의 전형은 입시 위주의 우리 교육에서 볼 수 있습니다. 외국의 명문 대학에 입학한 한국 학생들이 초기에는 우수한 학업 역량을 발휘하다가 점차 상급 학년으로 올라가면서 뒤처진다고 합니다. 그 이유는 스스로 문제를 만들어 본 경험이 없어서라고 합니다.

즉, 한국 학생들은 아무리 어려운 문제가 주어져도 밤잠 안 자고서 그 문제를 어떻게든 해결해 냄으로써 외국 학생들을 깜짝 놀라게 하다가도, 막상 스스로 문제를 제기하는 일problem-posing에는 무능을 보이고 만다고 합니다. 그렇습니다. 과학자 뉴턴이 사색하다가 사과나무에서 사과가 떨어지는 것을 보고 만유인력을 생각해 냈듯이, 인류 지성사에서 위대한 발견은 대개 자신과의 대화로 얻는 법입니다. 한국 학생들은 사토 마나부가 말하는 자기 자신과의 만남, 자기 스스로 의문을 품고 문제를 제기해 본 경험이 부족하니 고차원적인 배움에서는 두각을 드러내지 못하는 것입니다.

학생의 배움에서 대화적 관계의 중요성에 대해 비고츠키도 교육적 대화educational dialogue라는 개념으로 역설한 바 있습니다. 비고츠키는 교사와 학생 그리고 학생 상호 간에 대화가 이루어지지 않는 교육은 교육이 아니라고 했습니다. 교사가 학생에게 무엇을 가르치려면 반드시 그가 대화에 참여하도록 해야 한다고 합니다. 학습은 결국 학습자가 스스로 의미를 구성해야 하기 때문입니다. 비고츠키는 교육적 대화가 의미 있고 효과적이도록 집단 규모를 적정화 할 것을 지적했습니다. 또한 학생들이 자유롭게 교육적 대화를 나눌 수 있도록 하기 위해서는 동료 학생들과 소통하기 좋도록 좌석 배치도 적절히 할 필요가 있습니다. 협동적 배움이 원활히 일어나기 위한 집단의 규모는 네 명 정도가 바람직하다고 합니다.

교사-학생, 학생-학생 간의 대화적 관계가 유지되기 위해 가장 중요한 것은 교실 내의 민주적인 관계 형성입니다. 수업 시간에 학생들은 어떠한 질문도 자유롭게 던질 수 있어야 하며, 동료 학생끼리 문제를 공유하고 그 해결을 위한 상호작용을 활발히 나눌 수 있는 대화적 분위기가 마련되어야 합니다. 교사와 학생의 만남은 수직적인 만남이 아닌 수평적인 만남, 인격 대 인격의 만남이어야 합니다.

학급 내 인간관계가 교사 주도의 일방통행으로 이루어지면 교사가 편하기는 합니다. 중등 학생들에 비해 상대적으로 유순한 아이들을 다루는 초등 교사는 분명 행복하다 할 것입니다. 하지만 교사의 행복 이면에 선량한 아이들의 스트레스와 억눌림이 숨죽이고 있을지도 모릅니다. 초등 교사는 교실이라는 왕국의 피그말리온 왕입니다. 이 '절대 권력자'가 아이들과 어떤 관계를 뜨개질해 나가느냐에 따라 아이들의 성장과 행불행이 결정됩니다. 교사와 학생 모두가 행복한 교실을 위해 대화적 관계 맺음이 요청됩니다.

나와 너

인간 대 인간의 따뜻한 관계성을 주제로 한 괜찮은 영화 〈허수아비 Scarecrow〉로 이야기를 열고자 합니다.

영화의 제목처럼 사회에서 별 존재감 없는 두 남자가 히치하이킹을 하다가 우연히 만납니다. 로드 무비의 한 주인공 맥스(진 해크먼 분)는 감옥에서 갓 출소해 세차장을 차릴 꿈으로 피츠버그로 향하는 중이고 다른 주인공 라이언(알 파치노 분)은 5년의 세월을 바다에서 보낸 뒤 자신의 아들을 찾으러 먼 길을 나섰습니다. 두 사람은 성격이 정반대입니다. 맥스는 다혈질에 호전적이어서 툭하면 싸움을 일삼는 반면 라이언은 소심하고 연약한 성격입니다. 서로 상반된 성격을 지녔지만 두 사람의 우정은 점점 깊어 가는데 놀랍게도 서로가 서로를 닮아 갑니다. 그 계기로 작용하는 것이 '허수아비'입니다. 라이언은 까마귀가 허수아비를 보고 무서워하는 것이 아니라 우스워한다고 믿습니다. 이로부터 체구가 왜소하고 심약한 자신이 험악한 인생살이에서 살아남는 나름의 생존법인 '허수아비 철학'을 정립하는데, 라이언은 분쟁이 벌어질 때 허수아비 노릇을 하여 상대방을 웃게 만듦으로서 싸움을 피합니다.

영화의 하이라이트라 할 장면인 술집에서 또다시 맥스가 싸움을 벌이려는 상황에서, 말리다 지친 라이언이 맥스와 결별을 선언하고서 밖으로 나가려는 순간 극적인 반전이 이루어집니다. 맥스가 싸움 상대에게 주먹을 날리는 대신 그를 껴안고 춤을 추는 것입니다. 라이언에게서 배운 허수아비 책략으로 상대를 웃게 만들면서 싸움을 피하는 것입니다. 조금 전까지 장내에 감돌았던 일촉즉발의 전운은 맥스가 보여 주는 파격적인 퍼포먼스로 인해 일순간에 웃음바다로 변합니다. 평소 성마른 태도에 웃을 줄 모르고 늘 심각한 인상을 짓던 맥스가 이렇듯 사람이 달라진 것은 무엇 때문일까요?

마르틴 부버가 지적했듯이 '나와 너I And Thou'는 떼려야 뗄 수 없는 짝말word pair입니다. 나의 존재는 너로 말미암고 너의 존재는 나로 말미암습니다. 두 사람은 어떤 식이든 서로가 서로에게 영향을 주면서 닮아 갑니다. 그런데, 나-너 관계가 두 당사자의 성장을 도모하기 위해서는 영화 속 두 주인공의 관계 맺음처럼 서로 차별적인 속성을 지닌 만남일 필요가 있습니다. 아이들은 일상 속에서 늘 자기와 친한 친구, 자신과 같은 성별에 비슷한 성향의 또래를 선호하죠. 당연한 현상입니다만, 학급 내의 사회적 일상이 고착된 친소 관계에 따라 돌아간다면 반드시 크고 작은 역기능이 초래되고 맙니다. 역기능도 역기능이지만, 나-너 관계에서 나에게 없는 장점을 너로부터 배울 수 있는 기회가 차단됩니다. 따라서 교사는 학생 상호 간의 관계가 서로 긍정적인 영향력을 주고받을 수 있도록 학급 내 사회적 관계를 조율해야 합니다.

바람직한 성장의 문제는 결국 균형의 문제가 아닐까 생각합니다. 학교교육의 궁극 목표인 전인적 발달이란 것이 이를 말해 줍니다. 이성과 감성 그리고 신체의 조화로운 발달을 위해 학교교육은 지식 교육과 예능교육, 신체 활동과 예술 활동을 균형 있게 추구해 가야 합니다. 기실, 한 인간의 자질 혹은 역량은 이 대립 쌍의 통합unity of opposites으로 결정된다고 해도 틀린 말은 아닐 겁니다.

균형 잡힌 인격이란 측면에서 한 인간에게 결여되기 쉬운 가장 보편적인 자질은 성별에 따른 불균형입니다. 다시 말해 가장 보편적이고 중요한 나-너 관계는 여성-남성의 관계라 하겠습니다. 남자아이에게는 섬세함과 배려의 자질이, 여자아이에게는 대범함과 자율성이 결여될 가능성이 많습니다. 따라서 교사는 좌석 배치나 소집단 구성에서 남녀 성별을 적당히 짝 지움으로써 남성성과 여성성의 접속이 원활히 이루어지도록 해야 합니다.

성 역할 혹은 성 정체성과 관련하여 가장 바람직한 성향은 남성성과 여성성의 통합 형태인 양성성androgyny입니다. 성 역할 이론의 권위자로서, 유명한 '성 역할 목록Bem Sex Role Inventory, BSRI'의 창시자이기도 한 샌드라 벰은 양성적 성향을 지닌 사람이 그렇지 않은 사람에 비해 다양한 사회적 상황에서 더 잘 적응할 것이라는 가정하에 대학원 학생 1,500명을 대상으로 실험을 하였습니다. 연구 결과, 벰은 다음과 같은 의미심장한 결론을 내렸습니다. 참고로, 이 연구의 시공간적 배경은 1970년대 미국 사회인데, 이 시기 미국인들의 성 역할 감수성은 오늘날 한국 사회와 비슷하거나 더 높은 수준이 아닌가 생각합니다. 다시 말해 벰의 연구 결과가 현재의 우리 사회에 주는 시사점이 크다 하겠습니다.

복잡한 현대사회에서 성인은 자기 주장과 독립성 그리고 강한 자립심을 지닐 필요가 있다. 그럼에도 전통적인 여성상은 많은 여성들이 이런 식의 삶을 영위하기 어렵도록 만든다. 한편으로, 성인은 이웃과 원활한 관계를 맺으며 그들의 욕구나 그들 행복에 관심을 가지는가 하면 때로는 정서적으로 기댈 필요도 있다. 그러나 전통적인 남성상에 따르면 이러한 삶의 방식은 여성적인 것으로 간주되어 남성들이 취하기 어렵다.

이와 대조적으로, 양성성을 통해 우리는 독립성과 유연성, 자기주장과 양보심, 남성성과 여성성을 동시에 지닐 수 있다. 따라서 양성성을 지닌 사람은 많은 사람에게 자신의 행동반경을 최대한 펼칠 수 있으며 다양한 상황하에서 보다 효율적으로 대처해 갈 수 있다. John Janeway Conger, *Adolescence and Youth*(1977:261), 재인용.

남성성-여성성의 관계는 꼭 생물학적인 관계성을 말하는 것은 아닙니다. 영화 〈허수아비〉에서 보듯이, 동성의 친구끼리도 서로 영향을 주고받으며 나에게 없는 여성성 혹은 남성성의 자질을 너로부터 배울 수 있습니다. 또한, 성별과 무관하게 모든 사람의 내면에 남성성과 여성성이 공존하는데, 다만 양 성향 가운데 어느 쪽에 치우쳐 있는가 하는 차이가 있을 뿐입니다. 말하자면, 나 속에 나와 너라는 상반되는 두 속성이 존재하는 것입니다. 통합성 철학의 대가 헤겔은 이를 '두 자기의식의 대립'이라 하였습니다. 나 속에 내재된 남성성과 여성성이라는 상호 대립적인 두 자기의식이 치열한 갈등을 통해 내적으로 통일될 때 비로소 바람직한 인성이 형성됩니다.

인성 교육이란 측면에서 교사가 할 일은 개별 학생의 정체성을 파악하여 남성성 혹은 여성성에 치우침이 있는 학생의 성향이 평형을 이루도록 돕는 것입니다. 최근 우리 사회에서 학교 폭력을 견디다 못해 스스로 목숨을 끊는 아이들까지 생겨나고 있습니다. 이 심각한 문제의 치유책으로 지금 논하는 남성성-여성성의 균형에 주목할 것을 제안해 봅니다. 폭력 피해 학생들이 남성적 성향을, 가해 학생들이 여성적인 감수성을 학습한다면 그런 끔찍한 불상사가 줄어들 것입니다. 그 실례로, 한 여자중학교에서 또래들을 상대로 폭행과 금품 갈취를 저지르던 학생들에게 학교에서 강아지를 키우는 역할을 맡겼더니 그 아이들의 심성과 태도에 놀라운 변화가 일어났다는 보고가 있습니다.^{2013년 5월 13일, KNN 뉴스}

헤겔에 의하면 존재의 본질은 모순입니다. 현재의 '나'를 유지하려는 속성being, 존재과 '나'를 부정하려는 속성nothing, 무이 상호 대립하여 새로운 '나'로 발전해 갑니다becaming, 생성. 관계 맺음에서 발전의 동력으로 작용하는 이 같은 대립적 속성들은 개인 내의 두 자기의식에서뿐만 아니라 개인 대 개인의 '나-너' 관계에서도 당연히 존재합니다. 러시아 사상가 미하일 바흐친은 이를 '집중과 분화의 통합'이란 개념으로 설명합니다. 바흐친에 따르면, 모든 사회적 과정은 집중력the centripetal과 분화력the centrifugal라는 대립되는 두 성질 사이의 모순과 긴장의 산물입니다.^{M. Bakhtin, *The Dialogic Imagination*(1981:272)} 집중-분화에 해당하는 원어 'centripetal-centrifugal'은 '구심력-원심력'을 뜻합니다. 구심력이란 현재의 나 혹은 기존 관계를 유지하려는 성질을 뜻하는 것으로서 헤겔 용어로 'being'에 해당하고, 원심력은 현재의 나 혹은 기존 관계를 부정하려는 것으로 'nothing'에 해당합니다. 바흐친에 따르면, 진정한 대화가 이루어지기 위해서는 관계를 맺는 두 당사자 사이에 융합(집중)과 아울러 분화도 이루어져야 합니다. 분화에 비해 집중이 강한 관계 맺음은 독재, 그 반대의 경우는 무정부 상태로 흐를 가능성이 많습니다. 교실에서 교사-학생이 맺는 관계 맺음이 대개 이 두 가지 유형 중 하나의 모습을 띱니다.

앞서 언급한 마르틴 부버나 프레이리의 대화적 관계dialogical relationship와 달리 바흐친의 대화적 관계에서는 나-너의 대립을 중요시 여깁니다. 제가 역설하는 교육의 본질, 즉 "교육은 관계다"라 할 때, 그 관계는 모순이라 하겠습니다. 중요한 것은 이 모순 혹은 대립을 통해 서로가 발전하는 점입니다. 이와 관련하여 제가 경험한 한 사례를 말해 보겠습니다.

10여 년 전 4학년 담임을 맡을 때의 일입니다. 학교 규모가 매우 커서 1개 학년의 학급 수가 10개쯤 되었고 급당 학생 수도 40명 가까이 되었던 것으로 기억합니다. 혈기 왕성하던 때라 그때 저는 아이들을 남성적 방식으로 다루었습니다. 그런 한편, 음악에 약간은 남다른 감각과 소질을 지닌 제 장점을 살려 아이들이 좋아할 만한 노래와 게임을 가르치며 나름 창의적인 학급경영을 해 갔습니다.

그때껏 저는 제가 꾸려 가는 학급살이에서 반 아이들이 대부분 만족할 것이라 자부했습니다. 그런데 어느 날 한 남자아이의 어머니께서 교실을 찾아와 상담을 요청해 왔습니다. 아이가 저의 방식에 적응을 잘 못해 걱정이라는 것이었습니다. 다행히 그분의 문제 인식은 일방적으로 저를 탓하는 것이 아니라 아이와 저 사이의 관계성에 초점을 두고 계셨습니다. 말씀인즉, 자신의 아파트에 우리 반 남자아이들이 몇 명 있었는데 그 아이들은 모두 새 담임선생님이 정말 재미있고 좋다는 말을 한다는 것이었습니다.

생활기록부를 살펴보니 그 아이는 1학년 때부터 3학년 때까지 줄 곧 여선생님 반이었습니다. 그리고 아이는 여성적이면서 내향적인 성향의 소유자였습니다. 다행히 아이는 점차 제 방식에 적응을 하면서 자신의 성격도 조금씩 변화해 갔습니다. 말하자면, 저의 남성성에 영향을 받은 것이었습니다. 부끄럽게도 그때 저는 아이에게 문제가 있고 제게는 문제가 없다고 생각했습니다. 그러나 지금 돌이켜 보건대, 저의 리더십은 마초이즘에 가까웠고 그런 방식으로 인해 힘겨워했을 아이가 한둘이 아니었을 것이라는 죄책감을 떨쳐 버리기 힘듭니다. 뒤늦으나마 저의 이런 성찰에 가장 큰 도움이 되었던 것은 지금 언급하는 그 아이와의 관계를 통해서였습니다. 그런 면에서 그 아이와의 관계 맺음은 정말 소중한 것이었습니다.

끝으로, 한국을 대표하는 세계적인 스포츠 영웅 김연아의 이야기로 '나-너 관계'의 의의를 정리하겠습니다. 김연아와 늘 함께 거론되는 일본 피겨 스케이팅 선수로 아사다 마오가 있죠. 김연아 하면 아사다 마오, 아사다 마오 하면 김연아를 떠올릴 만큼 둘은 숙명의 라이벌이었습니다. 두 사람 모두 2014년 소치 동계 올림픽을 끝으로 은퇴를 했는데, 4년 전 김연아가 금메달을 딴 밴쿠버 올림픽을 기점으로 아사다 마오가 김연아에게 조금씩 밀리는 형세였지만 둘 사이의 힘겨루기에서 우리 한국인들이 잘 모르는 중요한 사실이 있습니다. 밴쿠버 바로 앞에 열린 토리노 올림픽 때만 하더라도 여자 피겨 스케이팅 선수로 아사다 마오에 필적하는 선수가 없었습니다. 아사다 마오는 세계 최강이었지만 당시 그녀는 15세로서 16세 이상 출전하는 나이 제한에 걸려 출전을 못 했습니다. 아사다 마오와 김연아는 둘 다 나이와 태어난 달이 같을 정도로 피겨 인생을 같이했는데, 토리노 때만 하더라도 김연아의 기량은 아사다 마오에 한참 못 미쳤습니다. 그래서 그녀는 "하느님도 참 무심하시다. 왜 내가 저 애랑 같은 시대에 태어나게 했을까." 하는 한탄을 했다고 합니다. 그러나 먼저 온 자가 나중 되고 나중 온 자가 먼저 되듯이, 지금 김연아는 아사다 마오를 뛰어넘어 여자 피겨 스케이팅에 전설로 남게 되었습니다.

제가 말하고자 하는 것은 만약 아사다 마오가 없었다면 오늘의 김연아가 있었을까 하는 것입니다. 아사다 마오가 없는 김연아, 김연아 없는 아사다 마오는 생각할 수 없을 겁니다. 서로는 어쩌면 소름 끼칠 정도로 치열한 경쟁 상대였지만 한편으로는 서로가 서로를 의지하며 성장해 갈 수 있었던 떼려야 뗄 수 없는 관계였던 것입니다. 소치 올림픽에서는 석연치 않은 판정으로 두 사람 모두 정상에 서지 못했지만 갈라쇼를 마친 뒤 진한 동지애를 발휘하며 서로의 마지막을 축복하는 훈훈한 모습으로 전 세계인들에게 가슴 뭉클한 감동을 선사했습니다.

우리가 가르치는 학생들이 성장해 가는 것도 이와 같은 모습이 아닐까 생각합니다. 지적 성장이든 인간 됨의 성장이든 '나와 너'는 서로가 서로를 디딤돌 삼아 앞서거니 뒤서거니 하면서 앞으로 나아가는 겁니다. 성장의 오솔길을 혼자 걷는다면 힘이 나지 않을뿐더러 동기부여도 되지 않을 겁니다. 100미터 달리기를 혼자 뛸 때는 여럿이 뛸 때보다 기록이 안 나오는 것처럼 말입니다. 나와 너의 관계가 시장경제의 논리에 따른 경쟁 관계가 아니라 서로가 서로를 이끌어 주는 대화적 관계가 되도록 학교교육이 이루어져야 합니다. 나와 다른 너가 있음이 우울한 현실이 아니라 서로에게 축복이 되는 희망의 교육공동체를 소망해 봅니다.

디오니소스적 가치

서로 다른 두 속성이 의미 있는 관계를 맺어 가는 또 다른 예로 이 번에도 영화 이야기로 열겠습니다. 지금 소개할 영화는 카잔차키스 의 유명한 소설을 원작으로 하는 〈그리스인 조르바〉입니다. 앞의 영 화 〈허수아비〉와 이 영화는 여러모로 닮은꼴입니다. 두 영화 모두 특 이하게 두 남자를 주인공으로 내세우는데, 인물의 성격이 완전히 다 릅니다. 〈허수아비〉의 두 주인공이 남성성과 여성성으로 대비된다면, 〈그리스인 조르바〉의 주인공들은 감성적 인간과 이성적 인간으로 대 조를 이룹니다.

이 영화는 삼십 대의 청년 '나'가 오십 대의 그리스인 알렉시스 조 르바에 관해 1인칭 관찰자의 시점에서 이야기를 풀어 갑니다. 학식과 지성을 갖춘 작가에다 세련된 양식의 삶을 살아온 청년과 막노동꾼 으로 한 평생을 자유롭고 방탕하게 살아온 조르바, 이렇듯 양극단으 로 대비되는 두 사람 사이에는 서로 어울릴 여지가 전혀 없어 보입니 다. 하지만, 소심하고 수줍은 성격의 청년 작가는 조르바라는 자유로 운 영혼을 통해 그간 엄격한 자기 규율 속에서 살아온 자신의 굴레를 벗어던지면서 창조적인 영감과 상상력을 터득해 갑니다. 〈그리스인 조르바〉는 카잔차키스의 자전적 소설이라 하죠.

이 영화 속의 두 인물을 보면서 역설의 철학자 니체를 떠올리게 됩니다. 니체의 주저 《비극의 탄생》에 따르면, 인간은 크게 아폴론적인 유형과 디오니소스적인 유형으로 나눕니다. 태양의 신 아폴론은 이성의 상징인 반면, 디오니소스(바쿠스)는 술의 신으로서 감성의 상징입니다. 단정함과 엄격함, 질서와 조화를 추구하는 아폴론적 요소는 영화 속 인물 '나'와 그대로 합치되며, 감각적 도취와 본능 그리고 쾌락으로 대변되는 디오니소스적 속성은 조르바와 딱 맞아떨어집니다. 주지하듯이, 니체는 아폴론보다 디오니소스를 더 선호합니다. 니체는 "극단으로 가는 길은 지혜의 궁전에 이른다"고 말할 만큼 격정적이고 충동적인 디오니소스적 가치를 신봉했습니다. 영화 속의 청년 작가 또한 조르바의 영향을 받아 자신의 소시민적 한계를 극복하면서 작가로서 성장해 갑니다. 말하자면, 조르바의 디오니소스적 속성이 청년 작가에게는 혁신적인 지혜의 원천으로 작용한 것입니다.

철학자 니체가 뭘 말하건 저는 아폴론적 속성과 디오니소스적 속성 가운데 어느 한쪽에 치우칠 생각은 없습니다. 두 상반된 성향의 가치를 통합적 관점에서 바라보는 입장이라 하겠습니다. 그러나 교육자로서 우리가 니체의 파격적 노선을 역설적 관점에서 수용할 필요가 있다는 말을 하고자 합니다. 학교라는 곳에서는 아폴론적 인간을 모범생이라 치하하는 반면, 디오니소스적 인간을 문제아로 낙인찍기 쉽기 때문입니다.

영화 〈그리스인 조르바〉를 보신 분은 그 감동적인 마지막 한 장면을 기억하실 겁니다. 주인공 '나'가 그간의 신중하고 말쑥한 인텔리의 껍데기를 벗고서 조르바와 함께 해변에서 춤을 추는 장면입니다. 자기네들과 정을 나눴던 여인들을 비롯하여 주변인들이 하나둘씩 세상을 떠나는가 하면, 야심차게 기획한 비즈니스가 수포로 돌아가는 등 모든 것이 허물어져 정신적 공황을 맞은 상태에서 뜻밖으로 청년은 조르바에게 춤을 가르쳐 달라고 합니다.

　춤 좀 가르쳐 주실래요?
　춤? 방금 춤이라고 하셨나요?

　그러고선 두 사람은 광활한 바다를 등지고서 나란히 서서 춤을 춥니다. 막춤은 아니고 그리스 전통 악기 부주키로 연주되는 〈조르바의 춤〉이란 제목의 OST 음악에 맞춰 품위 있는 춤사위를 보여 줍니다.
　영화사에 길이 남을 이 아름다운 장면은 우리로 하여금 춤에 대해 새로이 생각하게 합니다. 우리 한국인들에게 춤은 긍정보다는 부정의

인식이 강하죠. 춤바람이란 말이 상징하듯, 춤은 어떤 탈선을 연상케 합니다. 요즘 학교에서는 야영 활동이나 레크리에이션 문화가 보급되면서 학생들에게 춤추기가 권장되지만, 저의 학창 시절에는 학생이 춤을 추는 것은 일탈적 행위로 간주되었습니다. 인간의 원초적인 표현 행위인 춤을 금기시했던 것처럼 우리네 학교에서는 디오니소스적 가치에 대해서는 깡그리 부정적인 시선으로 바라보는 것이 사실입니다.

학교라는 곳이 교사와 학생이 가르치고 배우는 곳인 만큼 아폴론적 가치를 소홀히 할 수 없음은 당연합니다. 하지만 학생의 전인적 성장이나 집단의 조화를 위해 디오니소스적 가치도 존중되고 또 권장되어야 합니다. 집단 내에 냉철한 이성을 지닌 아이가 있다면 감성적이고 충동적인 아이도 필요합니다. 과도하게 진지한 아이가 있다면 광대 같은 아이도 있어야 합니다. 심지어, 기성의 궤도를 벗어나 일탈을 일삼는 아이조차 범생이들을 단련시키는 점에서 일정한 순기능을 수행하는 역설이 성립한다고 믿습니다. 교육 공동체 내에서 아폴론적 가치와 디오니소스적 가치가 서로 충돌하고 부대끼며 균형을 잡아 갈 때 그 구성원들이 조화를 이루며 건강한 성장을 꾀해 갈 것입니다.

놀이와 학습

"놀이터여, 안녕!"

이 문구는 한때 텔레비전에 등장했던 광고 제목입니다. 새 학년도가 시작되는 3월을 맞아 어린아이는 놀이터를 향해 "잘 있거라, 나의 친구 놀이터야." 하며 담담한 표정으로 손을 흔드는데, 그 배경음악으로 가수 김광석의 〈이등병의 편지〉가 흘러나옵니다. 그러니까 스무 살 청년이 군대 갈 때처럼, 자기 생애에 닥쳐온 중요한 난관을 이겨 내기 위한 비장한 준비 자세가 다름 아닌 코흘리개 초등 1학년생에게 요구된다는 것이 이 광고가 던지는 메시지인 것입니다. 그 광고는 조금도 과장이 아니어서 실제로 초등학교에 입학하는 순간 아이도 아이 엄마도 비상 체제에 돌입하는 것이 우리 사회 교육 현실임에 틀림없다 하겠습니다.

참으로 통탄할 노릇입니다. 아이들에게서 놀이터를 차단하는 것은 그 또래 단계에서 익혀야 할 가장 중요한 발달 과업을 터득할 기회를 차단하는 것과도 같습니다. 이러한 어리석음은 학습과 놀이를 따로 보고 전자는 가치 있는 것으로 후자는 가치 없는 것으로 판단하는 이항 대립적 사고에서 비롯된 것입니다. 그러나 아이들에게 놀이는 발달의 원동력입니다. 신체적 발달과 정서적 발달은 물론 인지적 발달 또한 놀이로부터 말미암는다는 중대한 진리를 한국의 학부모들은 놓치고 있습니다. 한창 성장할 나이의 아이들이 맘껏 놀지 못해 몸과 마음이 망가져 가고 있는 것은 누구나 인정하는 바일 겁니다. 그러나 어린아이에게 놀이가 지적 발달에 결정적인 영향을 미친다고 하면 그저 자유주의적인 감상적 사고로 치부해 버릴 겁니다. 그런 분들에게 비고츠키를 탐독할 것을 권하고 싶습니다.

비고츠키는 놀이가 인지와 정서 그리고 사회성의 발달을 촉진한다고 합니다. 하지만 어른들은 이 같은 사실을 모른 채 그저 아이들이 노는 꼴을 못 보아 넘깁니다. "하라는 공부는 안 하고 왜 놀기만을 일삼느냐"고 합니다. 나아가 혹자는 이를테면 아이들의 놀이를 사탕에 그리고 공부를 약에 비유해, "우선 입에 단 음식이 몸에 해로운 반면, 입에 쓴 음식은 몸에 이롭다"는 논리로 아이들에게 공부를 종용하고는 합니다. 그러나 비고츠키에 의하면 어린아이가 놀이를 즐기는 것은 어떤 쾌감을 얻기 위해서가 아닙니다. 유아에게 놀이는 공갈 젖꼭지 빠는 것만큼 쾌감을 주지 않으며, 게임에서 패한 아이가 쾌감을 얻는다는 것은 말이 안 되는 겁니다. 어린아이에게는 욕구가 즉각적으로 충족되어야 합니다. 그렇지 않을 경우 떼를 쓰거나 울음을 터뜨리죠. 그러나 놀이에서 욕구는 즉시 충족되지 않습니다. 따라서 놀이를 즐길 수 있다는 자체가 지적으로나 정신적으로 일정한 성숙 상태에 도달해 있음을 뜻합니다.

또한 모든 놀이에는 규칙이 있는 법이어서 아이가 놀이의 규칙을 따르기 위해서는 그에 상응하는 지적 수준과 정서적 노력이 요구됩니다. 놀이를 통해 인지 발달과 사회성 발달을 도모할 수 있는 겁니다. 설리James Sully의 연구에 따르면 실제 자매 관계에 있는 두 여자아이가 자매 놀이를 할 때 실제 생활에서보다 훨씬 진지한 언니와 동생의 역할을 각각 수행하였는데, 놀이를 통해 이들은 자매 관계가 다른 친구들과의 관계와 다르다는 것을 터득했다고 합니다.《마인드 인 소사이어티》 147-148쪽

이렇듯 어른들의 생각과 달리 아이들이 놀이를 추구하는 것은 어떤 달콤한 유희를 쫓기 위해서가 아니라 나름 진지한 성취동기에 터한 즐거움과 발달을 동시에 충족하기 위해서인 것입니다. 그리고 그 성취를 이루는 과정에서 규칙을 준수하려는 노력을 합니다. 규칙을 어길 경우에는 분쟁이 발생할 것이며 그것을 해결하는 과정에서 양보심이나 인내심을 길러 갈 것입니다. 아무도 모르게 슬쩍 반칙을 해서 게임에서 이길 경우에는 양심의 가책도 가책이지만 그러한 승리에 대해 자기만족을 못 할 것입니다. 놀이를 통해 자기 조절을 꾀함으로써 도덕성을 키워 가는 것입니다.

어른들의 욕심으로 아이들이 놀이터라는 낙원으로부터 추방당해 학원이라는 수용소로 몰린 결과, 몸과 마음이 병들어 가는 것은 물론 지적으로도 퇴화되어 가고 있습니다. 수학 시간에 홀수와 짝수에 대해 모르는 아이를 보면서 그런 생각이 들었습니다. 우리 어린 시절에는 4학년 되는 아이가 홀짝의 개념을 모르는 경우는 생각할 수도 없었습니다. 놀이터에서 구슬 따먹기 할 때 홀수-짝수나 3의 배수에 대한 개념 정립이 돼 있지 않으면 게임에 참여할 수가 없어 또래들과 같이 어울리지 못합니다. 확신컨대, 그 시절 또래 집단 내에서 수학 시험 빵점 맞는 아이는 있어도 3의 배수에 대한 개념을 갖고 있지 않

은 아이는 없었습니다. 그러나 처음부터 우리가 그러한 수학적 개념을 알고 있었을 리는 없고 놀이터에서 또래들과의 공유된 활동을 통해 저절로 알아 갔던 것이죠.

그 시절엔 학원이라는 게 없었습니다. 요즘에도 학원이라는 게 없다면, 홀수-짝수를 모르는 아이는 없을 것이라 생각해 봅니다. 학원이 없으면 아이들끼리 부대끼면서 돈 주고 배우는 것보다 더 가치 있는 것을 더 많이 그리고 무엇보다 "흥미 있게" 배울 것입니다. 땅치기 놀이에 필요한 나눗셈의 제수-피제수-나머지의 개념을 학습하면서 스트레스 받았던 기억은 전혀 없습니다. 셈하기 공부를 그렇게 재미있게 가르쳐 주는 학원은 이 세상 어디에도 없을 겁니다. 우리 시절에는 놀이터가 곧 삶터였고 또 배움터였습니다.

아이들의 가정살이에서 놀이터가 차단되어 있다면, 학교살이에서 놀이터를 만들어 줄 일입니다. 변변한 놀이터가 없다면 교실 내에서라도 최소한의 장난과 놀이를 할 수 있도록 허용해 줘야 합니다. 그리고 학교 일과 시간 속에 충분한 놀이 시간을 마련해 줘야 합니다. 2교시 마친 뒤 중간 놀이 시간에는 전교생을 운동장에 모아 놓고 체조 따위를 시킬 것이 아니라 자유롭게 뛰어놀도록 해야 합니다. 학급 수가 많은 대규모 학교에서 흔히 급식 시간을 원활히 조정한다는 명분으로, 특히 3~4학년 아이들을 대상으로 5교시까지 연달아 수업한 뒤 점심 식사 후 바로 하교시키고는 하는데, 생각해 볼 일입니다.

교문 앞에서는 노란색 학원 차가 이들을 기다리고 있습니다. 학원 일정은 학교 일정에 맞춰 돌아가니 말입니다. 이럴 게 아니라, 아이들이 점심 먹은 뒤 학교에서 친구들과 놀 시간을 줘야 합니다. 또래들과 뛰어놀면서 부대끼게 해야 합니다. 놀이터를 만들어 주는 것은 땅

(공간)이 필요하고 예산이 필요하지만 점심시간은 돈 안 들이고 만들어 줄 수 있습니다.

아이들도 학부모들도 1시간 일찍 집에 오는 것을 아무렇지 않게 생각하겠지만, 교육 주체들은 놀이의 교육적 가치를 잊지 말아야 합니다. 저는 학교가 학원보다 나은 점이 이것이 전부라고 생각합니다. 학원에서 아이들은 친구의 뒤통수만 보다가 수업 마치면 뿔뿔이 흩어지고 맙니다.

저는 교실에서 아이들에게 "서로 싸우지 마라"는 주문을 잘 하지 않습니다. 오히려, "가만히 앉아 제 할 일만 하지 말고, 틈나는 대로 서로 많이 부대껴라"고 가르칩니다. 인간 대 인간의 관계에서 대립은 불가피합니다. 대립을 통해 아이들은 자기 의사 표현 방법을 배우고 상대의 입장을 헤아리는 것을 배우며 모둠살이에서 바람직한 사회적 자질을 체득해 갑니다. 따라서 교사는 아이들 사이의 분쟁에서 간섭을 가급적 하지 않는 편이 바람직합니다.

…… 아주 예쁘고 둥근 자갈들이 해변을 가득히 메우고 있었습니다. 누가 일부러 깎은 것이 아닌데도 둥글고 윤이 나는 아름다운 자갈 해변이었습니다. 그런데 가만히 지켜보니 아름다운 돌로 다듬어지는 과정이 그랬습니다. 파도가 밀려오면서 그 해변에 있던 자갈들을 들었다 놓는 거예요. 그러면 자갈들은 자기들끼리 이리저리 부딪치면서 다시 가라앉아요. 또다시 파도가 밀려오면 다시 잠시 파도에 들려 올려졌다가 자기들끼리 몸을 부대끼면서 가라앉습니다. 서로 부대끼면서 저렇게 아름다운 자갈들이 되는 거구나, 하는 생각을 했습니다. 그때 저는 가장 좋은 배움은 바로 자기들끼리 부대끼며 배우는 것이라고 생각했습니다. 선생님은 다만 파도처럼

잠시 들었다 놓아 주면 되는 것이 아니겠느냐, 그렇게 생각합니다. ^{신영복, 《지금}
^{은 근본적인 성찰이 필요할 때》, 성공회대 제1회 교사아카데미 강연 중에서}

'관계 맺음의 교육'이라는 관점에서 볼 때, 놀이터를 봉쇄하는 것
은 아이의 성장과 발달을 막는 것과도 같습니다. 놀이터라는 체험 학
습의 장을 통해 우리 사회 미래의 주인공들은 서로 다투다가도 다시
화해하고 또 때론 의기투합하는 과정에서 양보심과 협동심 그리고
이웃의 소중함을 깨달아 가면서 이 사회의 건강한 공민으로 성장해
갑니다. 흙을 만지고 꽃내음을 맡으며 자연의 신비를 깨달아 갈 것이
며, 다양한 노작 활동을 통해 페스탈로치가 말하는 3H(hand, head,
heart), 즉 손재주와 영민한 머리 그리고 따뜻한 가슴을 키워 갑니다.
그런데 초등학교에 접어드는 순간 아이도 부모도 놀이터에 작별을 고
하며 치열한 경쟁 교육 전선에 뛰어드는 사회, 놀이터에 친구가 없으
니 친구 사귀기 위해서라도 학원에 애를 보내야 하는 사회에는 희망
이 없습니다. 아이들에게 놀이터를 돌려줍시다. 놀이 공간과 놀이 시
간을 되찾아 줍시다.

지양

아이에게나 어른에게도 자연현상은 늘 신비롭게 다가옵니다. 열악한
교육 환경 속에서 지냈던 우리는 어릴 때 실험 실습 교육을 잘 받지 못
했습니다. 그래서 과학 수업 시간에는 아이들 가르치면서 저도 학생이
되어 진지한 탐구를 하게 됩니다. 아이들과 함께 화분에 강낭콩 씨앗을
심고 그 한살이를 관찰할 때 찾아든 생각을 적어 봅니다.

손톱만 한 씨앗을 흙 속에 심었더니 며칠 뒤에 싹이 올라옵니다. 딱딱
한 씨앗을 아무리 관찰하고 만져 봐도 생명이 보이지 않는데 어떻게 이
런 놀라운 일이 벌어지는지 신기하기만 합니다.

그 뒤 떡잎이 본잎에 자리를 내주며 슬그머니 사라지는 대목에서는 신
비로움과 함께 어떤 비장한 헌신과 희생의 아우라를 보게 됩니다. 그 장
엄한 섭리는 예쁜 꽃이 지고 그 자리에 열매가 들어설 때 절정을 이룹니
다. 옛것이 새것에 바통을 넘겨주며 무대에서 사라져 가면서 새로운 생
명의 탄생을 예약하는 생명의 한살이는 한 편의 흥미 있고 감동적인 이
어달리기를 연상케 합니다.

자연이 연출하는 이 감동의 드라마를 통해 헤겔 변증법의 개념 지양
止揚. Aufheben을 생각합니다. 이 개념은 일상적 의미의 '지양'이란 말보
다 '부정negation'에 더 가깝습니다. 한 알의 밀알이 죽어야 많은 열매를
피우듯이, 새로운 무엇의 탄생은 필연적으로 낡은 것의 사멸을 요청합니
다. 역사 속에서 한때 빛났던 영예도 때가 되면 다른 무엇으로 지양되어
야 합니다. 그렇지 않고 과거에 안주하려 든다면 그는 이제 영웅이 아니

라 도둑입니다. 나폴레옹의 경우에서 보듯, 영웅과 도둑은 한 몸입니다.

저는 전교조에서 영웅과 도둑을 함께 봅니다. 떡잎이 자기 역할을 다하고 물러나지 않으면 도둑이 됩니다. 뱀이 허물 벗고 누에가 껍질을 벗듯이, 유기체는 기존의 낡은 존재 방식을 새로운 것으로 지양해야 삶을 유지해 갈 수 있습니다. 이 엄정한 자연의 섭리를 거스르는 어떠한 것도 생명력이 다하고 맙니다.

제 속에도 영웅과 도둑이 함께하고 있음을 최근에야 깨닫습니다. 젊은 시절 저는 학생들 사이에서 인기도 많고 괜찮은 선생이었는지도 모릅니다. 그것은 무엇보다 제가 젊었기 때문이겠죠. 주변의 연로한 교사들에 비해 신체적으로나 가르침의 방식에서도 젊게 보였을 겁니다. 그러나 시나브로 나이 들어 가는 것은 모르고 언제까지나 제 방식이 젊고 신선하게 다가갈 것이라는 착각 속에 빠져 있었습니다. 세상이 변하고 아이들도 동료 교사들도 변해 가는데 스스로 변하지 않으면, 그건 일관성이 아니라 도태되고 있는 겁니다. 뒤늦으나마 자기 혁신을 꾀하려고 애쓰고 있습니다.

가는 세월에 새로운 것은 아무것도 없습니다. 혁신은 나이의 문제가 아닐 겁니다. 혁신적인 교사로 남기 위해 소중히 품어야 할 가치와 버려야 할 구태가 뭔지, 부단한 성찰을 통해 스스로를 지양해 가야겠습니다.

4부

삶과 교육

삶과 교육

사랑은 주는 것이다!

보결 수업으로부터의 사색

교육의 쓸모

교육 불가능 시대에 희망 품기

아웃사이더에게 무대를

방문객

케 세라 세라

삶과 교육

2014 브라질 월드컵, 전 세계인들이 축제를 즐길 때 그늘진 곳에서 고통받는 원주민들을 보면서 삶과 교육, 진보를 생각해 봅니다.

올해 개정된 4학년 수학 교과서 맨 첫 단원 첫 페이지는 다음 사진과 같은 내용으로 시작합니다. 단원 제목은 '큰 수'이고 학습목표는 '만을 알 수 있어요' 입니다. 그런데 도입 단계에서 '생각 열기'로 교과서에서 제시하는 보기가 예사롭지 않습니다. "책 한 권을 출판하는데 나무는 얼마나 필요할까?" 하는 문장이 굵은 글씨로 쓰여 교사와 학생의 눈길을 끕니다. 저는 수업목표를 떠나 이 물음 자체가 비상한 지적 호기심을 유발하고 어떤 의미 있는 인식론적 성찰을 요청하는 것으로 봤습니다. 해서, 이날 수업은 수학에서 철학으로 도약하기로 마음먹었습니다.

초등교육은 대부분의 수업이 담임교사에 의해 이루어지기 때문에 학년 초의 학급경영이 한 해 교육의 성패에 지대한 영향을 미칩니다. 교과서의 '생각 열기'에 담긴 성찰적 요소는 나의 교육철학 근간에 닿아 있기 때문에 40분 수업 내내 이 이야기를 해도 나쁘지 않으리라

만을 알 수 있어요

익힘책 9~10쪽

신문 기사에 나타난 수를 어떻게 읽어야 할지 알아봅시다.

책 한 권을 출판하는 데 나무는 얼마나 필요할까?

30년 된 나무 한 그루로 A4 용지는 10000장, 책을 만드는 종이는 20000장을 만들 수 있다. 이는 200장짜리 책 100권을 만들 때마다 나무 한 그루가 사라지는 셈으로, 환경 보호를 위해 재생 종이의 사용이 절실히 필요한 때이다.

생각했습니다. 아니, 나쁘지 않은 게 아니라 저는 이런 수업이야말로 융합 교육과정의 취지에 부합하는 바람직한 가르침이라고 생각합니다. 삶과 배움이 밀접히 연결되어 있기 때문입니다.

실용적 차원에서도 수학 문제 잘 푸는 아이보다 환경보호 의식을 지닌 아이를 길러 내는 게 훨씬 이롭습니다. 바람직하기로는 이 둘을 긴밀히 연결 짓는 것이겠죠. 이를테면, 200장짜리 책 100권을 만들 때마다 나무 한 그루가 사라지니 우리나라 전체 4학년 학생들이 쓰는 이 수학 교과서를 만들기 위해 몇 그루의 나무가 잘렸겠는가를 계산하는 것은 다음 차시에 배울 '더 큰 수'에 대한 개념을 익히는 데 유용할 겁니다. 아울러, 교과서에 적혀 있는 "환경보호를 위해 재생 종이의 사용이 절실히 필요하다"는 가르침으로 결말을 맺으면 좋을 것입니다.

중요한 것은 그러한 마인드를 실천에 옮기는 것입니다. 그러기 위해 교사가 먼저 본을 보여야 함은 물론입니다. 이를테면 교실에 폐휴지를 따로 모으는 재활용 통을 비치할 일입니다. 다른 어느 공간보다 학교라는 곳에서는 매일 수많은 종이류가 쏟아져 나옵니다. 특히 A4 용지와 같은 양질의 폐지는 재활용할 경우 매우 요긴하게 쓰이는 자원인데 교사가 아이들 눈앞에서 그냥 쓰레기통에 넣어 버리면, 환경보호니 자원 재활용이니 하는 교육이 물거품이 되고 맙니다. 제가 늘 강조하듯, 교사의 실천 양식이 가장 강력한 교육과정입니다. 교사의 삶과 가르침이 일관되어야지만, 학생도 교사에게 배운 대로 삶에서 실천할 겁니다.

몇 해 전 Y초등학교에서 같이 근무한 한 교장 선생님의 모습이 떠오릅니다. 이 교장 선생님은 근검절약 정신이 아주 철저하신 분이셨습니다. 얼마나 철저한가 하면, 아무도 없는 교실에 전깃불 끄기를 강조하는 것은 기본이고 공문 인쇄할 때는 반드시 양면 인쇄를 하게 했습니다. 뒷면이 백지로 되어 있는 공문을 들고 오면 결재를 해 주지 않으셔서, 선생님들은 집에서 쓰던 이면지를 학교에 들고 와 재활용하여 결재를 맡고는 할 정도였습니다. 이런 교장 선생님의 휘하에 있는 교사들의 마음이 얼마나 불편했을 것인지 쉽게 짐작하실 겁니다.

종이 한 장에 벌벌 떠는 지나친 근검절약 정신이 흠이라면 흠이었지만, 그분의 그러한 내핍 정신이 사리사욕으로 연결되고 하지는 않았습니다. 그 교장 선생님께서 돈 관계가 깨끗한 분이라는 점은 누구나 인정하는 바였으며, 특히 아이들 위해 써야 할 돈에 대해서는 매우 관대하셨습니다. 수업 종 치고도 교실로 빨리 들어가지 않고 학년 연구실에서 잡담 나누기에 바쁜 교사들에게는 눈을 흘기시던 분이, 복도에서 만난 아이들이 인사를 건네면 활짝 웃는 얼굴로 "그래~ 반갑다. 니는 몇 학년이고?" 하고 화답하고는 했습니다. 교장 선생님은 그 연세의 다른 교장들에 비해 정말 괜찮은 분이셨습니다.

이 글을 쓰는 저는 한때 관리자들을 힘들게 하는 강성 전교조 교사로 지역에서 소문이 나 있었습니다. 돌이켜 보건대, 이 교장 선생님과의 인연을 계기로 내가 전향적인 자세를 취하게 되었던 것 같습니다. 그때까지 나는 학교 돈에 눈독 들이지 않는 교장을 잘 보지 못했습니다. 이분을 통해 나는 관리자가 교사들에게 깐깐하게 대하면서도 아이들에겐 자상할 수도 있다는 걸 깨닫게 되었습니다. 그리고 보수와 진보에 대해 다시 생각하게 되었습니다. 요즘 학교에서 자원 재활용이나 전기 절약에 대해 깐깐하게 단속하는 관리자는 잘 없습니다. 중요한 것은 교사의 자기 규율 의지인데, 안타깝게도 진보를 외치는 분들 가운데도 지속 가능한 공동체를 위한 일상적 실천을 잘 하지 않는 경우를 왕왕 보게 됩니다. 혼자 있는 교실에 에어컨 한껏 틀면서 청도와 밀양의 송전탑 건설을 반대하는 것은 자기모순입니다. 우리 교사들이 전기 절약에 모범을 보이고 아이들이 우리를 따라 한다면 핵발전소를 하나 덜 지을 수 있을 것입니다.

문명(문화)과 야만의 어원을 살펴보면 흥미롭습니다. 문화라는 뜻의 영어 단어 'culture'는 'cultivate경작하다'에서 유래합니다. 반대로 야만savage의 어원은 숲을 의미하는 라틴어 'silva'에서 생겨났습니다. 인류 탄생기에 유럽의 자연환경은 오늘날의 것과 아주 달랐습니다. 빽빽한 침엽수림이 지금의 아마존 정글만큼이나 울창한 숲을 이루었는데, 그 속에서 원시 유럽인들은 맹수의 밥이 되기 쉬웠고 살아남기 위해서는 나무를 베어 내어야cultivate 했습니다. 문명인들은 자신들과는 반대로 인위적으로 숲silva을 없애지 않고 자연과 더불어 살아가는 부류를 야만인savage이라 일컬었습니다.

그로부터 수만 년이 지난 지금도 지구 곳곳의 오지에서는 자연과 더불어 살아가는 '야만인'들이 있습니다. 그 수가 적지도 않아 아마존에서만 100만 명 가까이 된다고 합니다. 그러나 문명인들의 욕심으로 이들 야만인들의 삶이 위협받고 있습니다. 목장을 짓기 위해 아마존의 나무가 잘리고 숲이 불태워지고 있습니다.

지구의 허파라 불리는 아마존의 원시림이 파괴되는 데 우리도 한 몫을 하고 있습니다. 우리네 학교에서 잡다한 명목의 페이퍼 워크로 인해 얼마나 많은 종이가 낭비되고 있는지 모릅니다. 수학 교과서에 적혀 있듯이, A4 용지 1만 장 만드는 데 30년생 나무 한 그루가 베어집니다. 지구 정반대 편에 있는 한국이라는 곳에서 교육 실적물이라는 괴물이 사라지면 아마존의 밀림이 덜 파괴될 겁니다. 우리 교사들이 아이들과 함께 자원 재활용을 위해 조금만 신경을 쓰면, 원시림에서 자연과 더불어 순수한 모습으로 살아가는 아마존 원주민의 평화로운 삶을 보전해 줄 수 있을 것입니다. 진보는 그리 복잡한 관념 체계가 아니라 상식 그 자체여야 합니다. 전교조 교사들이 잘 쓰는 말로, 진보는 실천입니다!

학교에서 동료 선생님들이 빈 교실에 불을 환하게 켜 놓고 간 모습 볼 때마다 안타까운 마음입니다. 불편한 마음이 더해지는 것은 내가 그 교실문을 열고 들어가 불을 끌 수도 있지만 그러지 못하는 입장입니다. 환경을 지키는 것보다 관계를 지키는 것이 더 중요하기 때문입니다. 이런 내 모습을 보면서 지금보다 훨씬 젊었을 적 교장선생님들이 직원 협의회 때 '빈 교실 소등' 문제를 수시로 언급할 때마다 그게 그렇게 듣기 싫은 잔소리로 다가오던 기억이 납니다. 어느덧 내가 이런 생각을 품게 되었으니 나이 드는 게 나쁘지는 않은가 봅니다.

Y초등학교에서 나랑 딱 1년을 근무하고서 정년 퇴임을 하셨던 그

교장 선생님, 지금은 어디서 무엇을 하고 계시는지 궁금합니다. 다리가 불편해 늘 지팡이에 의존해 여름날 약간만 걸어도 온몸에 땀을 비오듯 흘리시던 분, 그러면서도 선생들 수업 똑바로 하는지 "관리"하기 위해 부지런히 계단을 오르내리시던 그분, 오늘따라 그 교장 선생님이 그립습니다.

사랑은 주는 것이다!

사랑은 주는 것입니다.

겨울철 식탁 위의 먹음직스러운 김장 김치 볼 때마다 어머니의 사랑을 느낍니다. 추운 날씨에 자식을 위해 그저 한 포기라도 더 담그려 애쓰신 노모의 수고를 생각하면 자식으로서 그저 고맙고 또 죄스러운 마음 금할 길 없습니다. 그럼에도 나는 해마다 어머니에게 김장을 부탁하며 배추와 함께 집에 있는 최대한 많은 김치 통을 건네고서는 일주일 뒤에 빚쟁이 수금하듯이 김치를 받아 옵니다. 내가 이렇듯 뻔뻔스러울 수 있는 까닭은 이게 어머니를 위하는 길이라 생각하기 때문입니다.

부모가 돼서 늙는 것이 서러운 것은 삶의 끝자락이 가까워져서가 아니라 자식에게 더 이상 줄 수 없기 때문일 겁니다. 어머니의 존재 이유는 자식 사랑입니다. 당신의 생명이 붙어 있는 한 자식을 위해 기꺼이 온몸을 불사르며, 또 그 노고를 통해 자식이 기뻐하는 모습을 보면서 쾌감을 느끼는 것이 모성애이고 어머니의 존재감입니다. 반대로, 경제력이 없어 자식들에게 용돈을 받아 쓰는 어머니의 입장에서 자식에게 무엇을 주지 못하고 오히려 짐만 되고 있다는 자괴감이 찾아들기 시작하면 실로 그것은 죽기보다 힘든 삶일 것입니다. 이런 연유로, 연로하신 어머니께서 기쁘게 내게 주실 수 있는 무엇이 없을까 궁리 끝에 생각한 것이 김장 김치입니다.

사실 돈 주고 김치를 사 먹으면 저도 편합니다. 어머니 댁까지 배추 실어 주고 또 김치 실어 오기도 꽤 불편합니다. 그러나 어머니의 노고에 비해 하찮은 내 수고를 어찌 불평할까요. 그리고 김장 김치를 통해 이 불효 자식과 며느리는 최소한 두 차례는 어머니 얼굴을 뵙게 되고 또 어머니에게는 당신의 자존감을 회복하시는 기회가 될 터이니 이건 불효가 아니라 효행의 한 방편이라 생각합니다.

주는 것은 곧 받는 것입니다.

어머니는 자식에게 무엇을 주면서 기쁨pleasure을 느낍니다. 그것을 받는 자식이 기뻐할 때 어머니의 기쁨은 고조됩니다. 이처럼 주는 것은 곧 받는 것입니다. 단, 내가 준 것을 받는 사람이 기뻐할 때 주는 것이 받는 것이 되는 바, 결국 사랑은 열성의 문제인 동시에 능력의 문제인 것입니다. 주는 것이 곧 받는 것이며, 사랑은 능력의 문제라는 이치에 대해 에리히 프롬은 성 심리학에서 말하는 '임포턴스 impotence'란 개념을 들어 멋지게 설명합니다. 성행위에서 사랑을 주는 것과 받는 것이 따로 있지 아니합니다. 나의 노력으로 파트너가 쾌감을 느끼면 그 쾌감은 곧 나의 쾌감pleasure이 됩니다. 반대로 파트너에게 쾌감을 주지 못하는 경우를 임포턴스라 하는데, impotence 란 무능을 뜻하죠. 이를테면, 기저귀 갈아 달라고 우는 아이에게 젖병을 물려주는 것은 무능한 모성인 것입니다.

주는 것이 곧 받는 것이라면, 우리는 누구에게 사랑을 줄 때 손해 본다는 느낌을 가질 필요가 없습니다. 앞에서 그 전형적인 예로 모성애를 들었지만, 우리 교사들의 본분인 교육애의 실천에서도 주는 기쁨이 곧 받는 기쁨이 되는 절묘한 통합적 원리가 성립합니다. 교사라면 누구나 아이들에게 더 나은 수업, 더 나은 학급경영을 하기 위해 며칠을 고민한 적이 있을 겁니다. 그리고 그 노고가 헛되지 않게 고민의 산물을 수업에 투입하고서 아이들의 반응이 좋았을 때 쾌감을 느껴 본 경험이 있을 겁니다. 자신의 젖가슴에 묻혀 행복해하는 아기를 보고 손해 본다는 느낌을 갖는 모성이 없듯이, 내가 약간의 능력과 수고를 발휘해 아이들이 기뻐하고 또 행복한 기운이 온 교실에 충만해질 때, 그 교육애는 곧 내 행복의 원천인 것이겠지요. 이것이 참스승의 존재론입니다.

보결 수업으로부터의 사색

　Y초등학교에서 교과 전담 교사로 근무할 때의 일입니다. Y초등학교는 면 소재지에 위치한 20학급 규모의 학교입니다. 저는 2008년부터 2012년까지 5년 동안 이 학교에 근무했는데, 이때는 6학년 대상으로 그 악몽 같은 전국 단위의 일제고사를 치를 시기였습니다. 초등에서 전담 교사는 학급담임에 비해 수업 시수도 조금 적을뿐더러 무엇보다 학급경영이나 학생 생활지도에 신경을 쓰지 않아도 되니 근무 여건이 꽤 넉넉한 편이라 하겠습니다. 그러나 전담 교사에게 달갑지 않은 짐이 가끔 부여되는데 그 가장 성가신 것이 '보결 수업'이라는 겁니다.

　중등학교에서는 수업 보결 문제가 간단히 그리고 합리적으로 해결되지만 초등의 경우는 적잖은 어려움이 따릅니다. 중등의 경우 교사가 개인 사정으로 하루 수업을 비우면 시간표를 바꿔 동료 교사가 대신 해 주고 다른 날 자신이 못한 수업을 조금씩 해 나가면 되기에 동료나 학생들에게 돌아가는 피해가 거의 없습니다. 그러나 초등에서는 대부분의 수업이 학급 담임교사에 의해 이루어지기 때문에 담임인 교사가 하루나 이틀 연가를 내면 그 학급의 수업 부담은 고스란히 동료 교사에게로 전가됩니다. 즉, 자기 노동의 몫을 동료에게 떠안기는 꼴입니다. 그나마 최근에는 보결 수업 수당이란 게 책정되어 있어 낫지 않냐 하겠지만, 그 금액이 시간당 5천 원 정도여서 유인책으로 기능하지 못하는 실정입니다.

사정이 이러하다 보니 연가를 내는 교사는 동료 교사들에게 미안한 마음을 갖게 되고 또 동료 교사들은 보결 수업을 기피하는 것이 인지상정입니다. 그래서 편의를 봐야 하는 담임교사의 입장에서는 동료 교사에게 주는 부담을 최소화하기 위해 학습지를 대량으로 복사해서 책상 위에 올려놓고 가는 것이 상례입니다. 힘들게 수업하지 말고 아이들에게 문제지 풀게 하라는 뜻인 거죠. 이는 자신의 짐을 떠안은 동료 교사의 부담을 최소화하려는 성의 있는 자세일지언정 아이들에 대한 배려는 결코 아닙니다. 하루 종일 문제지와 씨름하는 아이들을 생각할 때, 이건 결코 선량한 교육적 처방이 못 되는 겁니다.

이 글을 쓴 며칠 전에는 6학년 교실 보결을 들어갔는데 제가 어떻게 조치를 취하기도 전에 아이들이 몇 장씩 철해져 있는 문제지 묶음을 풀고 있었습니다. 학습지가 책상 위에 올려져 있으면 제가 다른 방향으로 아이들을 이끌 수 있겠건만, 이미 아이들 손에 쥐어져 열심히 풀고 있는 분위기를 깨고 제가 끼어들 여지가 없어 보였습니다. 그래서 어떻게 하는지 가만히 지켜보았습니다. 모습을 보아하니 시쳇말로 자세가 딱 나옵니다. 7월에 있었던 국가수준학업성취도 평가에 대비해 1학기에 얼마나 많은 문제집을 풀었던 아이들인가요? 마치 그에 비하면 이것쯤은 아무것도 아니라는 듯, 모두들 숨죽이고 하나하나 정답을 골라내 갑니다.

그런데 저 자신의 모습을 돌아보니, '내가 도대체 뭐 하는 사람인가?' 하는 자괴감이 밀려옵니다. 내가 이 교실에 들어설 때는 선생의 자격으로 아이들을 만나러 온 것이련만, 내가 할 일이 없습니다. 이 교실에서 존재감을 전혀 못 갖는 겁니다. 아이들이 아예 내게 무엇을 기대하지도 않습니다. 하다못해 귀신 이야기라도 해 달라고 졸라 대면 좋을 텐데 말입니다.

문제지 풀이보다 귀신 이야기가 차라리 교육적입니다. 왜 그런가 하니 이런 장면 속에서는 교육이 없기 때문입니다. 교육은 교사와 학생 사이의 만남을 전제로만 이루어집니다. 교사와 학생 간의 만남은 없고 문제지와 침묵만이 흐르는 교실에서 교육은 없습니다. 아니, 만남이라는 거창한 개념이 아니더라도 이런 교실 상황에선 학습learning만 있고 교수teaching는 없으니 "교육이 없다"는 말은 상식적으로도 정확한 표현인 것입니다. 그리고 'teaching'이 없으니 'teacher'도 없습니다. 담임교사 대신 들어가서 문제지 나눠 주고 아이들이 헉헉거리며 문제와 씨름할 때 자신은 컴퓨터 주물럭거리거나 다른 일을 한다면, 이것은 전문직 종사자로서의 교사가 할 짓이 아닙니다. 교사가 무슨 들판에 참새 쫓는 허수아비도 아니고, 아이들의 소란이나 장난질 막기 위함이 어떻게 '나의 존재 이유'가 될까요?

문제 풀이의 또 다른 병폐는 학습 능력의 개인차를 고려하지 않아 자기 팔 자기가 흔들기 식으로 자율 학습이 이루어지는 점입니다. 공부 잘 하는 한 녀석이 문제를 빨리 풀고 나서 하릴없이 공책에 낙서를 해 대고 있습니다. 이런 아이를 위해 보결 담당 교사가 취할 수 있는 교육적 처방이 고작 "다 한 사람은 독서하라"는 정도의 말을 던지는 것인데, 6학년쯤 되는 아이들에게 이런 말은 잘 먹혀 들어가지도 않습니다. 그래서 알고도 못 본 체하는 것이 최선 아닌 차선입니다.

사람인 이상 저도 보결 수업이 그리 달갑지는 않습니다. 하지만 일단 해당 교실에 들어갈 때는 나름의 교육적 의미를 부여하며 때로는 약간은 설레는 마음으로 들어갑니다. 사실 남의 교실에 들어가면 어떤 호기심이 먼저 일어납니다. 이는 일종의 건강한 관음증이라 하겠는데, 교실을 둘러보면 담임선생님이 어떻게 학급을 경영하는지 대충 보입니다. 교실 뒷면에 붙여 놓은 환경 구성 방식만을 봐도 그 선생님의 철학과 아이들을 생각하는 정성 따위가 한눈에 들어옵니다. 물론 주관적인 관점에 터해 납득이 안 가는 부분에 주목하기보다는 우리가 미처 생각지 못한 어떤 창의적인 방법을 보며 배우는 기회로 삼는 것이 바람직할 것입니다.

그리고 보결 수업에 들어가면 가급적 수업을 하려고 애씁니다. 그것은 내가 교육자임을 떠나 인간 된 도리로서 아이들을 생각하는 최소한의 배려하는 마음에서입니다. 아이들은 헉헉거리며 열심히 문제 풀고 있는데, 선생이라는 사람이 컴퓨터 앞에 앉아 웹 서핑이라도 하면 사실 양심의 가책 탓인지 집중이 잘 안 됩니다. 그럴 바에야 차라리 아이들하고 부대끼는 것이 훨씬 마음이 편하고 또 시간도 잘 흐릅니다.

무릇 우리가 근무하는 학교 울타리 내에 있는 모든 아이들은 다 우리의 제자이고 또 우리는 모든 아이들의 스승입니다. 보결 수업은 평소엔 그저 동네 아저씨처럼 지내던 다른 반 아이들에게 교사가 스승으로 다가갈 수 있는 좋은 만남의 기회입니다. 담임교사가 준비한 문제지를 풀고 안 풀고는 전적으로 교사에게 달려 있습니다. 아이들에게 "얘들아, 이번 시간에도 계속 문제지 풀까, 아니면 선생님이랑 재미있는 활동할까?"라고 물으면 백이면 백 교사가 주도하는 수업에 동참하고 싶어 합니다. 아이들에게 내가 가진 약간의 장점을 발휘하여 재밌는 수업을 한다면 아이들도 좋아하고 나도 보람을 느낄 수 있습니다. 이게 만남이 있는, 살아 있는 수업이고 참교육인 것입니다.

　선생은 학생과의 관계 속에서만 선생이 됩니다. 학생과의 만남이 싫고 학생들이 자신에게 다가오는 것이 귀찮은 사람은 선생이 아닙니다. 보결 수업 자체는 귀찮고 성가신 것이지만, 새로운 아이들과의 만남은 환영해야 합니다. 피할 수 없어서 억지로 즐기는 것이 아니라 그 즐거움을 만끽해야 합니다. 만남으로 이루어진 인간관계에서는 주는 것이 곧 받는 것입니다. 우리가 약간의 능력과 수고를 발휘해 아이들이 기뻐하고 또 행복한 기운이 온 교실에 충만해질 때, 그 교육애는 곧 우리 행복의 원천일 것이고, 행복한 그 사람의 이름은 교사일 것입니다!

교육의 쓸모

대구 교대 조용기 교수가 쓴 《교육의 쓸모》^{교육과학사, 2005}라는 책을 흥미 있게 읽었습니다. '교육의 쓸모'라는 테제는 하버드의 교육철학자 브라우디H. Broudy의 '학교교육의 쓸모use of schooling'라는 개념을 비판적으로 패러디한 것으로서, 저자는 교육은 '쓸모가 없어야 쓸모가 있다'는 역설을 펼칩니다. 존재론적으로 교육은 그 자체로 인간에게 유용한 무엇이어야지 무슨 목적을 위해 쓰이기 위한 것은 아니라는 말입니다.

나아가 그는 교육의 쓸모를 추구하다 보면 결국 실용적 가치마저 획득하지 못하는 우를 범하게 된다고 합니다. 초등 교육자로서 이 말에 정말 깊이 공감합니다. 현 정부 들어서는 조금 나아지고 있지만, 초등학교 2학년 아이가 자기 가슴팍보다 더 큰 문제집과 씨름하는 것이 우리네 교육 현실입니다. 선행 학습이라는 얄궂은 개념이 교육의 쓸모를 획득하기 위한 첩경으로 인식되어 아이들은 학원에서 교과서 내용을 미리 다 배워 옵니다. 그런 아이들을 교실에 앉혀 놓고 창의적인 수업을 하라고 하니 참으로 기도 안 찰 노릇이죠. 베토벤 될 아이도 셰익스피어 될 아이도 모두 획일적인 틀 속에 집어넣고서 소모적인 무한 경쟁을 시키는 곳에서 어떻게 인재가 나오겠습니까? 교육의 쓸모를 지나치게 쫓는 이 과도한 교육열은 국가 경쟁력에도 아무 쓸모가 없는 자가당착적 광기라 하겠습니다.

인간을 인간답게 만드는 모든 사업은 그 자체로 가치를 가지는데, 이를 내재적 가치intrinsic value라 합니다. 그로 인해 파생되는 외재적 가치extrinsic value, 즉 실용성(조용기 교수의 개념으로는 '쓸모')을 쫓는 순간 전자와 후자 모두 공멸로 향합니다. 경제학 개념으로 "악화가 양화를 몰아내는" 어리석음이 빚어지는 겁니다.

선량한 가치가 불량한 것에 의해 질식당하는 본말 전도의 현상은 교육계에서 심심찮게 볼 수 있죠. 이런 것들은 예외 없이 실적물 쌓기의 모습을 띱니다. 몇 해 전 영어 전담 교사를 맡고 있을 때 영어 교사 심화 연수에 참가한 적이 있었습니다. 6개월 코스로 교원대에서 합숙 연수를 받는데, 강의실에서는 물론 기숙사 내에서도 동료 연수생들 간에 영어로 소통을 해야 하는, 말 그대로 심화 연수였습니다. 전국 각지에서 모인 초·중·등 영어 교사들이 24시간 내내 영어로 생각하고 영어로 말하며 역량을 키워 가는데, 정규 연수 시간이 끝나고 기숙사에 돌아와서도 스터디 모임을 만들어 공부하거나 하면서 모두들 자기 연찬에 열심이었습니다.

그런데 연수 과제 가운데 포트폴리오를 만들어 제출하는 것이 있었습니다. 포트폴리오란 학교에서 흔히 볼 수 있듯이 A4 파일집 속에 인터넷에서 내려받아 출력한 자료 따위로 채우는 것을 말합니다. 이건 영어 역량 강화라는 연수 본연의 목적에 오히려 저해가 되는 소모적인 짓거리로서 정상적인 마인드를 가진 교사라면 그 부당함에 이의를 제기하거나 아니면 아예 무시하고 그 시간에 다른 가치 있는 학습 활동에 몰입하는 것이 맞습니다. 보통의 무난한 처신으로는 위에서 요구하는 최소한의 성의만 보이거나 할 법한 상황이었던 거죠. 그러나 놀랍게도 많은 선생님들이 경쟁적으로 남보다 더 많은 실적물을 포트폴리오에 담고자 하는가 하면 표지를 알록달록하게 장식하며 동료들과 차별을 꾀하려 애쓰는 것이었습니다. 점수를 0.1점이라도 더 받으려는 생각인 거죠.

우리가 집을 떠나 거기서 그런 고생을 자처한 까닭은 영어 실력을 향상하기 위한 것이지 점수를 받기 위한 것이 아닌 것입니다. 점수라는 것은 내재적 가치를 실현하는 과정에서 부수적으로 따라오는 것으로서 있어도 없어도 그만인 것입니다. 대부분의 교사 연수가 그러하듯 그 연수도 이수 시간을 채워 과정을 수료하는 게 관건이지 점수가 특별한 의미가 있는 게 아니었습니다. 더구나 포트폴리오 제출은 점수 비중이 아주 작은 부가 항목이었는데도 자기 발전에 아무 도움도 안 되는 그 사소한 영역에서조차 최고점을 받기 위해 애쓰는 젊은 선생님들을 보면서 현재와 미래의 교직 사회에 대한 어떤 씁쓸한 기우가 오버랩되었습니다.

영어 연수에 참여한 교사들은 대부분 20~30대 선생님들이었습니다. 요즘 젊은 선생님들은 우리 때와 달리 교대나 사대에 들어가기도 어려운 데다가 졸업 후 임용 고시를 통과해 교단에 서기까지 치열한 경쟁 속에서 피나는 노력을 한 것으로 압니다. 사실 제가 준비하던 시절에는 교사 되기가 쉬웠습니다. 어려운 관문을 뚫고 마침내 교단에 선 우리 젊은 선생님들은 교직에 대해 우리 선배들과는 차별화된 자긍심과 프라이드를 가져도 좋을 것이라 생각합니다. 하지만, 학창 시절부터 교사가 되기까지 우리 선생님들의 삶이 쓸모를 쫓는 치열한 경쟁으로 일관되어서 혹 삶과 교육의 본질에 대한 성찰이 결여될 수도 있겠다는 주제넘은 생각을 품어 봅니다.

승진에 관심을 품고 이런저런 스펙이나 점수 관리에 열심인 젊은 선생님들을 보면서 그런 생각이 듭니다. 저희 때는 사십 줄 가까이 돼서 승진에 눈을 떴지만, 요즘 젊은 선생님들은 발령받자마자 승진 준비하거나 심지어 교생 실습 때부터 담당 지도교사에게 어떻게 하면 승진할 수 있는가 묻는다고 합니다.

우리 시대 젊은 선생님의 세태에 대한 저의 통찰이 정확하다 할지 확신하지 못합니다. 설령 그렇다 하더라도 선생님들을 탓할 생각은 없습니다. 인간은 항상 시대의 인간입니다. 요람에서 무덤까지 살아남기 위한 다툼으로 점철될 우리 시대 젊은이들에게 경쟁은 자연스러움을 넘어 습관으로 자리해 있을지도 모릅니다. 이런 분들이 교사가 되면 교직 생활도 하나의 각축장으로 여겨 동료를 제치고 승진의 사다리를 한 칸씩 오르는 것에서 삶의 희열을 느끼는 것인지 모릅니다. 그간의 자기 삶은 내내 경쟁을 쫓아 왔는데, 임용 고시를 통과해 마침내 교직에 발을 내딛으니 경쟁이 없으니 허전한 것일까요? 그래서 승진이라는 교직 생애 풀 코스 마라톤 대회에 일찍부터 뛰어드는 것일까요?

며칠 전 교육청 연수에 참여했더니 연수에 앞서 담당 장학사가 교육 자료전에서 대통령상을 수상한 젊은 교사를 소개합디다. 자료전에서 우리 도 교사가 대통령상을 받는 것이 40년 만에 처음 있는 쾌거라 합니다. 수상자들은 모두 이삼십 대의 젊은 교사들이었는데 단상에 선 그 교사는 이 영광스러운 상을 타기까지 자기네들의 나름의 노하우와 눈물겨운 노력의 여정을 피력하였습니다. 장학사님께서는 우리 도의 영광이고 우리 교육청의 영광이라며 그 빛나는 전과를 칭송해 마지않으셨지만 좌중의 우리 선배 교사들은 씁쓸한 마음이었습니다. 아이들 가르치는 교사가 대통령상을 타기 위해 2시간밖에 잠 안 자고 혼신의 노력을 기울인 것이 자랑일 수 없기 때문입니다. 아니나 다를까 들려오는 후문이 좋지 않았습니다.

교사든 누구든 무엇을 열심히 하는 것은 좋습니다. 그러나 중요한 것은 "무엇을 위해" 열심히 하는가 하는 것입니다. 교단에 서기 위해 선생님이 되었는데 교단에 서자마자 교단을 빨리 벗어나는 것을 목표로 삼는 승진제도라는 괴물이 존속하는 한 교직은 희망이 없습니다. 앞길이 구만 리 같은 젊은 교사의 초상이 이러한 교단에 무슨 가능성이 있을까 싶습니다. 젊음은 아픔입니다. 교단에 첫발을 내디딘 교사는 일단 교육에 대한 고민이 많아야 합니다. 이런저런 좌절과 갈등을 느끼지 않는 교사는 참된 교육자가 아닙니다. 교사의 존재론은 아픔에 있습니다. 승진이라는 물신을 쫓는 데 아파할 것이 아니라 아이들과의 실존적 삶에 아파해야 합니다. 재물과 하나님을 동시에 섬길 수 없듯이, 선생이라는 사람이 승진이라는 쓸모를 쫓는 순간 스승이기를 그칩니다. 쓸모와 아픔 사이에서 방황하는 젊은 선생님들에게 마르크스를 권하고 싶습니다.

The more you have, the less you are and the greater is your alienated life.

쓸모를 추구하면 할수록 당신다움으로부터 멀어지고 삶은 더욱 소외될 것이다. — 칼 마르크스

교육 불가능 시대에 희망 품기

'교육 불가능 시대'라 합니다. 교실 붕괴로 표상되는 우리 시대 학교교육의 민낯을 솔직히 드러내는 점에서, 일견 이 화두는 과격하다기보다 진솔한 성찰의 언어로 다가옵니다. 우리 시대의 학교는 인간을 길러 내는 것이 아니라 무의미한 교육 상품 찍어 내기 바쁘고, 소수의 엘리트를 만들기 위해 절대 다수의 학생들이 들러리 서는 치열한 제로섬 경쟁의 각축장으로 전락해 있습니다. 교권은 바닥에 떨어져 학생이 교사에게 대드는가 하면 수업 시작하자마자 학생들이 엎드려 자는 것이 학교의 일상이 되어 버린 교육 현실에서 우리 교사들이 교육 그 자체에 대한 심각한 회의에 빠져드는 것은 당연하다 하겠습니다.

그러나 최근 '교육 불가능'이라는 화두로 사회적 파장을 일으키고 있는 전·현직 교사들의 입장은 "그래서 우리가 무엇을 어떻게 하자는 말인가?" 하는 의구심을 품게 합니다. 그들 가운데 어떤 급진적인 입장은 그간의 찌든 학교교육에 대한 대안으로 현재 전국적으로 신선한 바람을 일으키고 있는 혁신학교 운동에 대해서도 회의론을 제기하고 있어 어떤 반발심마저 불러일으킵니다. 저는 그런 분들에게, "이 시대에 교육이 불가능하면 과연 삶은 가능한가?" 묻고 싶습니다. 날마다 우울한 뉴스로 도배가 되어 웬만큼 충격적인 사건 사고로는 세간의 관심도 못 끄는 이게 사람 사는 세상인가 싶지 않습니다. 이들이 즐겨 쓰는 수사법으로 이 '영혼 없는 사회'에서 교육이 불가능하면 인간다운 삶은 과연 가능할까요?

교육 불가능 시대라 하지만, 어느 시대에서도 교육자가 의도하는 바 대로의 교육은 불가능했습니다. 교육은 시대의 교육입니다. 교육은 언제나 시대의 지배적인 이해관계를 대변해 왔습니다. 마르크스의 표현을 빌리면, "지배계급의 정신이 지배적인 정신"이 되는데 교육은 당대의 시대정신을 대중에게 전달하는 역할을 해 왔을 뿐입니다. 유교 사회의 교육은 봉건 지배 질서의 유지가 근본 목적이었습니다. 백성을 널리 이롭게 함이라는 숭고한 뜻은 어디까지나 교육 주체의 관념 속에만 있었습니다. 지금의 우리 교육 이념 '홍익인간'이 교육자들의 관념 속에 자리하듯 말입니다. 그 시대에도 당연히 교육 모순은 존재했고, 교육 병폐의 수준 면에서 지금보다 심각하면 심각했지 덜하지는 않았습니다. 한 예로, 조선 시대의 과거 시험은 오늘날 입시 제도보다 불합리한 것은 물론 그 교육적·사회적 병폐가 훨씬 심각했습니다. 때문에 그 시대에도 양심적이고 비판적인 교육자가 있었다면 그 역시 '교육 불가능의 시대'를 역설했을 것입니다.

교육은 시대의 정신을 반영할뿐더러 시대의 사회적 조건에 말미암습니다. 사회적 조건으로 정치, 문화, 경제 요인이 있지만, 이 중 결정적인 것은 경제적 조건입니다. 현재의 교육 불가능 상황도 따지고 보면 결국 전 세계에 닥친 자본주의경제의 위기로 말미암은 것입니다.

경제의 위기는 삶의 위기를 낳고 삶의 위기는 그대로 교육의 위기로 전이되는 것입니다. 가난 그 자체가 찌든 삶과 찌든 교육을 파생시키지는 않습니다. 모두가 가난에 허덕이던 시절에는 교육 불가능이 거론되지 않았습니다. 우리 사회가 영혼을 상실하게 된 것은 경제 발전이라는 미명 아래 오로지 앞만 보고 달려온 결과입니다. 물질적 삶이 너무 급속히 발전한 나머지 영혼이 미처 따라가지 못해서 삶이 황폐화되고 교육이 망가지게 된 것입니다. 그나마 경제가 잘나갈 때는 교육도 별 문제가 드러나지 않습니다만, 잘나가던 경제가 추락하기 시작하면서 교육도 위험 수위를 드러내기 시작했습니다. 우리 사회에서 교실 붕괴가 IMF 이후 급격히 이루어진 것이 이를 말해 줍니다.

경제 위기가 곧바로 교육 위기로 연결되는 것은 아닙니다. 학교의 붕괴 이전에 가정의 붕괴가 있습니다. IMF 이후에 가정이 해체되기 시작했습니다. 이른바 결손가정이 급증한 거죠. 일반 가정에서도 경제적 궁핍을 벗어나기 위해 부부가 밤늦도록 직장 일에 매달려야 합니다. 학교 마치고 집으로 돌아갔을 때 아무도 반겨 주는 이 없는 가정에서 아이가 건강하게 자랄 리가 없겠죠. 먹고살기 바빠 자식 교육에 신경 쓸 마음의 여유조차 없는 가정에서는 아이를 방치하여 아이는 종일토록 인터넷 게임에 빠지거나 비슷한 형편의 아이들끼리 모여 각종 비교육적인 환경에 노출됩니다. 덜 가난한 집 아이들은 학교 마치자마자 학원으로 보내집니다. 정부에서는 가정의 사교육비를 덜어 준다는 명목으로 학교에서 방과 후 교육 프로그램을 돌리게 합니다. 그러나 이것은 학교 밖의 학원을 학교 안으로 유치한 것과 다르지 않습니다. 다만, 공교육 기관인 학교가 시설물을 공짜로 제공해 주고 수요자인 학생과 공급자인 강사가 직거래를 트니 수강료가 싼 차이밖에 없습니다. 그 값싼 수강료 속에는 행정 업무로 골머리를 앓는 학교 교사의 과중한 스트레스도 포함되어 있습니다. 요즘 학교에서 교사들이 제일 기피하는 업무가 방과 후 교육 업무입니다.

저녁 시간이 다 돼서 집으로 돌아간 아이는 심신의 피로에 대한 보상으로 또 컴퓨터 게임에 열중합니다. 학교 공부 마치고 부모의 보살핌 속에 건강하게 뛰어놀아야 할 아이들이 부모의 방치하에 음지에서 옆길로 빠지거나 가혹한 학습 노동에 시달리는 한국 아이들의 삶에서는 구조적으로 건강한 성장이 불가능합니다. 이런 아이들이 학교살이를 건강하게 해 나가지 못하는 것은 당연하다 하겠습니다. 즉, 원초적 삶의 공동체인 가정이 붕괴된 사회에서 교실 붕괴는 필연인 것입니다.

교육의 모순을 자본주의경제의 모순에서 찾고 그 해법 또한 경제 관계에서 찾으려는 것이 속류 마르크스주의의 기본적 시각이죠. 이른바 '경제결정론'이라는 것입니다. 경제결정론도 문제지만 교육 문제를 사회적 모순과 따로 떼어 생각하는 것은 더욱 그릇된 시각입니다. 학교는 사회 속에 있고 교육 기제는 정치·사회·경제 구조 속에서 작동하기 때문에 교육 모순의 해결은 사회적 모순의 해결이 선결되어야 가능합니다.

이를테면, 교실 붕괴를 막고 학교를 복원하기 위해서는 먼저 가정이 복원되어야 합니다. 그러기 위해서는 국가가 값싼 노동시장에 저당 잡힌 모성을 아이들에게 돌려주어야 합니다. 학교에서 돌봄 교실 운영 시간을 연장하여 아이들을 늦도록 붙잡아 두게 할 것이 아니라 아이 엄마가 가정으로 일찍 돌아갈 수 있도록 해야 합니다. 그것은 경제문제의 개혁이 요구되는 것이죠. 선의 본질은 공동선이고 정의는 다름 아닌 분배의 정의입니다. 아이를 바르게 키우는 '돌봄'의 문제는 사회적 차원의 '나눔'의 문제가 고쳐지지 않으면 근본적인 해결이 불가능합니다.

그러나 모든 것을 사회구조 탓으로 돌려 버리면 교육이 할 일이 없어집니다. 교육의 문제를 교육제도의 문제로 돌려 버리면 교사의 존재 이유가 무의미해집니다. 교육-사회, 교사-교육제도의 대립 쌍에서 전자를 강조하는 경향성이 보수이고 후자를 강조하는 경향성이 진보라 하겠습니다. 하지만 광장에서 제도 개선의 요구를 열심히 외치면서 자기 교실에서 교육 실천에 최선을 다하지 않는 교사는 진보가 아닙니다. 자신이 처한 객관적 조건이 아무리 척박할지언정, 교실에서 한 사람의 교사가 할 수 있는 일은 의외로 많습니다. 어느 시대에도 성공적인 교육에서 교사의 의지와 열정은 결정적입니다. 언제나 변화는 작은 데서 시작됩니다. 작은 것이 바뀌지 않으면 큰 것도 안 바뀝니다. 작은 데서 변화가 일어나지 않으면 큰 곳에서도 변화가 일지 않습니다.

이 아이들을 어찌할 것인가?

참스승의 사표라 할 이오덕 선생의 이 말이 생각나는 한 권의 책을 이 대목에서 소개하고 싶습니다. 《학교 속의 문맹자들》엄훈 지음, 우리교육, 2012. 속에는 저자가 중학교 국어 교사로 근무할 때 문맹인 학생을 밀착 지도하여 마침내 그들의 까막눈을 뜨게 하는 과정이 생생하게 펼쳐지고 있습니다. 이 책은 저자의 교육 실천 경험이 보고서 형식으로 나열될 뿐 정서적 요소는 절제되어 다소 딱딱한 느낌을 줄 정도입니다. 하지만 같은 교사로서 저는 이 책을 읽어 가면서 어떤 감동과 함께 부끄러움으로 몸을 떨었습니다.

중학교 교사인 사람이 글 못 읽는 아이를 만나면 아이의 무능을 탓할 뿐 그것을 자기 짐으로 떠안으려는 경우는 거의 없을 겁니다. 그러나 저자는 창우라는 아이의 현재를 과거 그리고 미래와 연결 지으면서 그 비참한 실존에 애달파합니다. 또한 그는 인근의 초등학교에 파견을 나가 창우처럼 열악한 환경에서 자란 초등 1학년생 정환을 지도해 문자를 해득하게 합니다. 교사가 정환의 성공을 통해 창우를 떠올리는 대목에서 새벽에 찬물로 세수한 것처럼 정신이 번쩍 듭니다.

> 정환이의 만남을 생각하면서 나는 다시금 창우를 떠올린다. 창우도 정환처럼 아무런 장애가 없는 아이였다. 창우도 정환처럼 문해 환경이 갖추어지지 않은 아이였다. 창우도 초등학교 1학년 무렵 정환과 비슷한 읽기 발달을 보였을 것이다. 그로부터 6년 후 창우는 초등학교 2학년 수준 정도밖에 되지 않는 읽기 능력으로 중학교에 입학하였다. 만약 초등학교 1학년의 창우가 당시에 집중적인 교육적 지원을 받아서 2학년이나 3학년 무렵에는 보통 수준의 읽기 능력을 갖추게 되었다면, 중학교에 입학하기까지 6년의 세월이 얼마나 달라졌을까? 《학교 속의 문맹자들》136~137쪽

이 책 속에는 또 소규모 학교인 관계로 업무 때문에 바빠서 글 모르는 아이들 지도할 시간이 없다 하면서도 늘 텃밭에서 채소 가꾸기에는 열심인 초등 교사들의 씁쓸한 일상에 대해서도 묘사하고 있습니다. 교장 선생님이 텃밭을 워낙 좋아하셔서 모두들 그런다는데, 운동회나 학예회 따위의 행사를 위해서는 수업을 빼먹으면서까지 정성을 쏟으면서 그늘진 곳에 있는 아이에게는 너무나도 무심한 태도에서

우리 초등교육의 민낯을 보게 됩니다. 손님에게 자기 본연의 일을 맡겨 놓고 텃밭 가꾸기에 여념이 없는 관리자가 왜 실적이 빨리 안 나오냐 채근하는 가운데 연말이 되어 그럭저럭 정환이가 글자를 읽고 쓸 수 있게 됩니다. 크리스마스를 맞아 자신을 밝은 세상으로 인도해 준 교사에게 고마움을 담은 카드를 건넵니다.

'선생님 힘내세요. 사랑해요. 정환 올림'

지하에 계신 이오덕 선생이 호통치실 것 같습니다. 누가 교육 불가능을 말하는가!

오늘날 학교가 붕괴되어 가고 있지만, 그렇다고 우리들 학창 시절의 학교가 건강한 모습이었던 것은 아닙니다. 그 시절에는 교육하기 좋았던 것이 아니라 그저 '선생질' 하기 좋았을 뿐입니다. 텃밭 좋아하는 교장 만나면 텃밭에 모여들고 배구 좋아하는 교장 만나면 배구만 열심히 하면 만사형통하는 그런 학교였습니다. 또한, 지금 교권이 추락해 있지만 그 시절의 교권이 과연 진정한 의미의 교권이었나 하면 그렇지 않습니다. '아부지 뭐 하시노?'로 대변되는 그 시절의 학교 풍속도는 교사에 의한 일방적 폭력과 길들임이 있었을 뿐 교사-학생 간의 대화적 관계는 잘 없었습니다.

그런 면에서 차라리 꼴통 같은 녀석 귀싸대기 한 대 날릴까 싶다가도 후환이 두려워 자제할 수밖에 없는 현재의 학교가 혹 더 바람직한 것 아닐까요? 시험 점수 내려갔다고 매질해 대는 것은 교육이라 할 수도 없습니다. 따라서 특별히 오늘날의 학교교육을 가리켜 교육 불가능의 시대 운운하는 것은 이치에 맞지도 않습니다.

영혼 없는 사회가 영적으로 거듭나길 바란다면 그래도 믿을 것은 교육밖에 없습니다. 나는 현재의 학교가 더 이상 나빠지지는 않을 것이라 생각합니다. 2014년 6월 지방선거에서 우리 국민들은 13인의 진보 교육감을 선택했습니다. 세월호 정국에서 치러진 선거에서 광역 자치 단체장은 여야가 8대 9로 대등한 결과가 나왔지만 교육감 선거에서 진보가 압승을 거둔 것은 우리 국민들의 뜨거운 교육 개혁 열망을 말해 줍니다.

이러한 시대적 요청에 부응하여 진보 교육 운동 진영에서도 각성과 변화의 바람이 일고 있으니 그것이 혁신학교 운동입니다. 혁신학교는 참교육을 염원하는 교사들의 뜨거운 열정과 진보 교육감 시대라는 우호적인 물적 조건에 힘입어 우리 사회의 낡은 교육을 혁신해 가고 있습니다. 그런데 교육 불가능을 말하는 분들이 이 혁신학교 운동에 대해서조차 냉소를 보내는 것은 납득하기 힘들다 하겠습니다.

인간다운 교육이 가능하지 않는 사회에서는 인간다운 삶도 가능하지 않습니다. 그래도 선생인 사람이 머무를 곳은 학교밖에 없습니다. 교사가 학생과 어떤 관계 맺음을 지어 가느냐에 따라 교실에 웃음꽃이 만발할 수도 있고 반대로 싸늘한 유형지가 될 수도 있습니다. 교육이 불가능한 시대인지는 모르겠습니다. 그러나 한 가지 자명한 것은, 교사의 열정은 불가능하다 싶은 무엇에 변화를 일으킬 수 있다는 겁니다. 글 모르는 아이의 눈을 뜨게 하고 얼어붙은 아이의 마음에 온기를 불어넣을 수 있습니다.

고금을 막론하고 교육혼의 고갱이는 '사랑'입니다. 베트 미들러는 아름다운 노래 〈장미The Rose〉에서 말합니다. 사랑은 씨앗이라고요. 가르치는 것은 다만 희망을 말하는 것이라 합니다. 혼탁한 시대에 오늘 우리는 지금보다 덜 추한 세상을 만들기 위해 작은 씨앗 하나를 심는 마음으로 교단에 설 일입니다.

밤이 너무 외롭고 갈 길이 너무 멀게 느껴질 때, 사랑은 오직 운이 좋거나 강한 자의 몫이라 생각될 때, 기억할지라! 봄이면 해님의 사랑을 받아 장미꽃을 피우기 위해 씨앗 하나가 차디찬 눈 덮인 땅속 깊숙한 곳에서 이 겨울을 견디고 있다는 것을.

— 〈장미〉, 베트 미들러

아웃사이더에게 무대를

몇 해 전 체육 전담을 맡았을 때의 일입니다. 5학년 아이 가운데 공부는커녕 운동도 못하고 놀 줄도 몰라 대관절 삶에 의욕이 없어 보이는 아이가 있었습니다. 보통의 아이들은 지식 교과(도구 교과) 시간에는 소극적이다가도 체육 시간만 되면 눈이 반짝반짝하는데, 이 아이의 경우는 무슨 수업 시간이든 도무지 의욕을 보이지 않는 편이었습니다. 체육 수업 시간에 모두가 열심인 소집단 신체 활동에도 동참을 하지 않았습니다. 급우들은 아이의 이러한 성향을 알고서 아예 학급의 사회적 관계망 속에서 제쳐 놓은 듯 보였습니다. 그런데, 이 아이가 어느 날 체육 수업 시간에는 무엇을 굉장히 열심히 하는 모습이 제 눈에 들어왔습니다. 때는 학년 초인지라 체육실에 비치된 공들이 지난 겨우내 대부분 바람이 빠져 있기에, 아이들을 모둠 활동 시켜 놓고 저 혼자서 공에 바람을 넣고 있었습니다. 그런데 그 아이가 다가와서 '지금 뭐 하시냐?', '나도 한번 해 봐도 되냐?' 이렇게 물어 옵니다. 내심 믿음이 가진 않았지만 밑져야 본전이라는 심정으로 임무를 맡겨 봤습니다.

자원봉사자에게 제 짐을 떠맡기고 모둠 활동을 점검하러 한 바퀴 돌고 왔는데, 놀랍게도 그 어설퍼 보이기만 한 아이가 30개가 넘는 농구공과 배구공에 바람을 다 넣어 가고 있었습니다. 사실 이 아이에 대해 우리 교사들이 품는 신뢰의 문제는 끈기와 관련한 것이었습니다. 저는 속으로 집중력과는 도무지 거리가 먼 녀석이 과연 몇 개의 공에 바람을 넣을 것인가 하며 기대를 하지 않았습니다. 그런데 그 많은 공을 혼자 힘으로 진득하게 다 넣어 가고 있는 것입니다. 저는 2학년 때부터 이 아이를 봐 왔지만 실로 이처럼 진지한 모습을 처음 봤습니다. 순간, 어떤 깨달음이 일었습니다. 아이가 지금껏 무슨 활동에 소극적이고 나태한 모습을 보였던 것은 원래 이 아이가 그러해서가 아니라 우리가 아이에게 적합한 활동 과업을 부여하지 않아서라는 것입니다.

오직 학교란 곳에서만 이십여 명의 사람들이 나란히 앉아 매일 몇 시간씩을 보낸다. 학교를 벗어나서는 우리가 그토록 오랜 시간 동안 그토록 많은 사람들과 접촉할 필요를 거의 못 느낀다.

미국의 교육학자 잭슨P. Jackson의 책 《교실살이Life in Classrooms》에 나오는 말입니다. 저는 처음에 잭슨의 이 말을 접하면서 몇 가지 충격에 휩싸였습니다. 교사가 돼서 아이들에게 미안한 마음과 함께 매일 그렇게 버텨 오는 아이들이 너무 기특한 것과 또 우리가 어렸을 때 그렇게 버텨 왔다는 사실이 놀라웠습니다. 신성한 학교를 이렇게 비유하는 것이 불경스럽습니다만, 비판 교육학자들은 흔히 학교를 감옥에 비유하고는 합니다. 아마도 우리 인간이 가장 있고 싶지 않은 공간이죠. 그런데 감옥의 죄수들도 하루 몇 시간씩 옴짝달싹하지 않고 앉아 있지는 않습니다. 하물며 어른도 아닌 쪼끄마한 아이들을 교육이라는 미명 아래 하루 대여섯 시간을 자리에 앉아 있게 하는 것은 생각해 볼 일입니다.

그나마 공부에 소질과 흥미가 있는 아이들은 배우고 때로 익히며 학이시습의 즐거움을 얻어 가지만, 학교에 와도 도무지 낙이 없는 아이들을 하루 종일 자리에 앉혀 공부 시키는 것은 정신 고문이 아닐 수 없습니다. 그런 아이의 입장에서 보면 학교라는 곳은 창살 없는 감옥이나 진배없는 것이죠.

아웃사이더들에게 교육의 이름으로 어떤 기회나 역할을 마련해 줍시다.

공부를 잘한다는 것은 인간이 가진 수천 가지 능력 가운데 단 하나를 잘한다는 의미이련만 우리네 학교에서는 학업성적이라는 단 하나의 잣대로 아이들을 재단해 버립니다. 공부 못하는 아이는 스스로를 무능하고 열등한 사람으로 자기 최면을 걸어 갑니다. 그러나, 평소 교사의 눈밖에 벗어나 말썽만을 일삼는 아이들도 야영장에서 장기자랑 시간에는 모두를 깜짝 놀래키는 재능을 발휘하고는 합니다. 학교의 일상생활에서는 존재감 없어 보이던 아이들도 자신의 끼를 발휘할 무대를 만들어 주면 스타로 돌변하는 것입니다. 따라서 학교는 학생이 저마다 타고난 소질과 개성을 발산하게 하고 또 대중 앞에서 자기 실력을 뽐낼 수 있도록 다양한 무대를 만들어 줘야 합니다.

공부 잘하는 아이들을 위한 중간고사나 기말고사라는 무대만을 늘어놓을 것이 아니라, 음악 좋아하는 아이들을 위한 딴따라 무대, 비보이를 지망하는 아이들을 위한 댄스 무대도 만들어 주면 좋을 겁니다.

학년 말 학교 교육과정을 짤 때 학교 차원에서나 학년 혹은 학급 차원에서 그런 무대를 많이 배치해 줌으로써 "학교에 와서 도무지 낙이 없는 아이들"이 학교에서 견뎌 나갈 수 있게 하면 우리가 그 아이들에게 덜 미안하지 않을까 싶습니다.

영화 〈아마데우스〉를 보면서 만약 모차르트가 현대의 한국 학교에서 공부를 한다면 어떤 모습일까 하는 상상을 해 봤습니다. 영화 속 주인공은 음악 천재라는 것을 빼면, 우리가 학교에서 상장 문구 속에 담는 말, 즉 '품행이 방정하고 학업 성적이 우수함'과는 완전 거리가 먼 인물이라 하겠습니다. 상대를 가리지 않고 거침없이 자기 할 말을 내뱉는 그의 태도는 '사회성 없음'으로 생활기록부에 기록될 것이며, 자유분방한 그의 기이한 행동 성향은 ADHD로 분류되어 꼰대들로부터 요주의 인물로 관리 대상이 되었을 겁니다. 그 자유로운 영혼의 소유자가 이 창살 없는 감옥을 견뎌 나가며 자신의 천재성을 무럭무럭 키워 나갈 리가 만무한 것입니다.

남다른 감수성을 가졌으되 맹목적 학력 신장에는 관심을 보이지 않는 삐딱한 아이들은 혹 모차르트와 같이 이 다음에 훌륭한 예술가로 성장할 잠재성이 있는 아이로 봐야 합니다. 잠재적 모차르트에게 성적이란 잣대로 스트레스를 가한다면 그 아이의 예술가적 감성이 사춘기 특유의 질풍노도와 결합하여 빗나간 반항심으로 이어질 가능성이 많습니다. 나아가 그 같은 반항심이 불운한 어느 한순간에 돌이킬 수 없는 범죄로 이어질 가능성 또한 배제할 수 없습니다. 약간 과장되게 말하면, 모든 아이에게 똑같이 학업성적만을 강조하는 교육 시스템은 잠재적 예술가를 잃는 동시에 잠재적 파괴자를 만들어 내는 점에서 이중적인 사회적 손실을 낳는다 하겠습니다.

교육의 본질은 아이 사랑이며 교육정책은 만인의 행복을 위해 추구되어야 합니다. 페스탈로치의 교육애와 선량한 교육정책은 그늘진 곳에서 갈 길 잃고 방황하는 한 마리의 어린 양을 위해 베풀어져야 합니다. 그럼에도 우리 교육의 현실은 정반대로 돌봄이 전혀 필요치 않은 소수의 잘난 아이들을 위한 승자 독식의 무대만을 차려 놓고선 절대 다수의 아이들을 들러리로 세워 바보로 만들어 갑니다. 그중 개성이 강하고 감수성이 예민한 아이들은 자칫 위험한 반사회적 아웃

2010년 여름 미국 시카고에서 찍은 사진입니다. 그 동네에선 관官에서 애써 무대를 만들어 주지 않아도 누구나 스스로 무대를 만들어 공연을 즐기더군요. 무대 위의 주인공들이나 관객들도 사뭇 진지합니다. 간혹 실수가 나오더라도 모두가 박수를 치고 환호하면서 격려해 줍니다. 무대를 통해 관객과 공연자, 시민과 학생, 어른과 아이가 모두 하나 되는 공동체 의식을 길러 가는 것입니다. 뒤편에서 짝다리 짚고 서 있는 친구가 사회를 보는데, 말을 얼마나 재밌게 하는지 연신 관객들의 폭소를 자아냅니다. 그가 구사하는 어법은 토론 대회나 웅변 대회에서 볼 수 있는 것과는 거리 먼 것으로 제도권에서는 권장되지 않는 어법이지만 달변이긴 마찬가지였습니다. 저는 그 자리에서 이 아이들이 그 신기에 가까운 브레이크 댄스 동작을 익히는 것에 열정을 쏟지 않았다면 혹 이 거리가 아닌 소년원에 있을지도 모른다는 생각을 해 봤습니다.

사이더로 돌변할 위험성을 늘 안고 있습니다. 말하자면 이들은 언제 폭발할지 모르는 시한폭탄인 것입니다. 이들의 억눌린 열정을 건설적인 방향으로 발산하게 함으로써 프로이트가 말하는 승화를 일궈 내는 일, 이게 우리 교사들의 중요한 소임이라 생각합니다. 약간의 배려로 이들을 위한 무대를 만들어 주면, 이들이 범생이들보다 사회적으로 더 유용한 일꾼으로 성장할지도 모릅니다.

방문객

지난겨울(2013년)에 열흘 일정으로 북유럽 교육 탐방을 했습니다. 덴마크-스웨덴-핀란드 3개국을 둘러보았는데, 각각 약간의 차이가 있지만 대체로 우리 학교와는 판이하게 다른 분위기였습니다. 그중 핀란드의 한 고등학교에 대한 소개로 제 이야기를 열어 볼까 합니다. 핀란드의 수도 헬싱키에 있는 야르벤파고등학교는 전교생 수가 1천 명쯤 되는 학교인데, 학교교육 시스템이나 학생들에게서 풍겨 오는 분위기가 매우 놀라웠습니다. 이 글을 쓰면서 이 학교가 혹 특별한 학교인지 어떤지 확인할 겸 권위 있는 경로를 통해 질의했더니 핀란드 내에서 중상 수준의 학교라는 답변이 돌아왔습니다.

사진에서 왼쪽 엑스 표시가 보통의 학교 시스템이고 오른쪽이 이 학교 시스템인데, 학급편성이나 학과목 선택 그리고 수업연한 면에서 파격을 보이고 있습니다. 이

- 'class' = a permanent group of students (~30 persons)
- The same group studied the same subjects at the same time, *always* with the same group (with some exceptions, eg languages)
- Studies took 3 years, no exceptions

- no permanent classes
- everybody has their own individual schedule, students choose their own subjects and courses, irrespective of others' choices
- students can choose to complete their studies in 2-4 years

학교에서는 고정된 학급 개념이 없고 학생들이 학과목을 자유롭게 선택해서 수강할 수 있으며 또 수업연한도 탄력적이어서 학생의 의사에 따라 2년 만에 졸업할 수도 있고 4년 동안 다닐 수도 있습니다. 수업은 학점제로 운영되기 때문에 학생들이 듣고 싶은 과목을 수강 신청합니다. 그래서 수업 시간인데도 복도가 아닌 로비의 모양새를 띤 곳에서 나름의 일에 몰두하고 있는 학생들을 볼 수 있었습니다. 우리로서는 상상도 못 할 일이죠. 더욱 충격적인 것은 이 학생들이 쉬는 시간을 보내는 모습입니다.

우리네 학교의 쉬는 시간 풍속도는 도떼기시장의 그것이죠. 수업 시간이라는 게 교사 일방의 주도하에 강압적으로 흐르다 보니 쉬는 시간이 되면 학생들은 그 갑갑증을 해소하기 위해 육체적으로나 심리적으로 과잉 행동을 일삼습니다. 장난치는 아이, 큰 소리로 떠들거나 고함지르는 아이가 있는가 하면, 무슨 달리기 시합이라도 하듯 복도를 전력으로 달리는 아이들의 모습이 우리네 학교의 쉬는 시간 풍경일 것입니다.

그런데 이 핀란드 학생들은 삼삼오오 앉아 조용히 담소를 나누거나 로비 곳곳에 설치된 컴퓨터에서 자료를 찾거나 탁자에 앉아 책을 펴 놓고 공부를 하고 있었습니다. 1천 명이나 되는 학교인데도 소란한 기색이 전혀 없습니다. 그러면서도 표정들은 하나같이 밝고 활기찹니다. 솔직히 이러한 정중동精中動의 모습들은 그 수준 면에서 우리 대학생들보다 훨씬 성숙한 모습이었습니다. 중등 학생이든 대학생이든 한국 학생들은 틈만 나면 스마트폰으로 게임 따위에 몰입하지만(물론 학교 밖에서) 여기서는 그런 아이들을 한 명도 못 봤습니다. 아침에 등교하자마자 담임교사가 학생 휴대폰을 걷는 일은 이곳에서 상상할 수도 없습니다.

쉬는 시간에 핀란드 학생들은 차분하게 휴식을 취하거나 생산적인 활동에 몰두하는 데 반해 한국 학생들은 무질서한 과잉 행동을 일삼는, 이 차이는 도대체 어디서 기인하는 것일까요? 핀란드 학생들은 우리와는 비교가 안 될 정도의 자율성을 누립니다. 그러면서도 누가 억지로 시키지 않아도 자기 책임을 다합니다. 흔히 말하는 자율과 책임의 조화를 보이는 것입니다. 만약 우리 학생들에게 핀란드식 자율을 부여하면 책임은 없고 방종으로만 흐를 가능성이 많다고 생각할 사람들이 많을 겁니다.

과연 그럴까요? 핀란드인과 우리는 DNA가 다르기 때문에 억압해야 하는 것일까요? 말도 안 됩니다. 기성세대가 가진 그러한 식민지적 사고가 청소년의 식민지적 습성을 자아내는 것이라고 저는 생각합니다. 이 맥락에서 교육계에서 유명한 사회심리학 이론 '자기충족예언'을 되짚어 볼 필요를 느낍니다.

> 히긴스 교수님에게 저는 언제나 꽃 파는 여자아이에 지나지 않을 겁니다. 그분은 늘 저를 꽃 파는 아이로 대해 왔고 또 앞으로 그러할 것이기 때문입니다. 하지만 피커링 대령님께 저는 항상 숙녀가 될 겁니다. 대령님께선 늘 저를 숙녀로 대해 왔고 또 앞으로도 그러할 것이기 때문이죠.

자기충족예언을 주제로 한 흥미 있는 영화 〈마이 페어 레이디〉 속에 나오는 뜻깊은 대사입니다. 유능한 언어학자 히긴스 교수와 피커링 대령은 거리에서 꽃을 파는, 미천한 일라이자의 거친 행동 양식과 형편없는 영어 발음을 교정하여 상류사회에서 멋진 숙녀로 인정받도

록 만들 수 있을 것인가 하는 내기를 합니다. 히긴스의 계획은 대성
공하여 무도회에서 일라이자가 왕자의 요청을 받고 왈츠를 추기까지
합니다. 히긴스가 자신의 성공에 도취되어 있을 때 그 기적 같은 변
신의 당사자인 일라이자가 인용문과 같은 말을 하는 것입니다. 즉, 정
작 자신을 변화시킨 것은 히긴스의 과학적인 언어 교정법이 아니라
처음부터 끝까지 자신을 숙녀로 대한 피커링 대령의 인격적 대접 방
식이라는 것입니다. 자신에게 영향을 미친 두 사람 가운데 자신을 숙
녀로 대접해 준 사람 때문에 자신이 숙녀로 거듭나게 되었다는 말을
합니다.

　피그말리온 효과로 유명한 로젠탈과 제이콥슨Rosenthal & Jacobson
이 말하듯, 교사는 '교실의 피그말리온Pygmalion in the Classroom'입
니다. 교육자들이 학교에서 학생을 어떻게 대하는가에 따라 우리 학
생들이 신사 숙녀가 될 수도 있고 말썽쟁이가 될 수도 있는 것입니다.
혹 쉬는 시간에 두 나라 학생들이 보이는 놀라운 격차는 학생들을
신사 숙녀로 대접하는 것과 말썽쟁이로 대접하는 차이에서 말미암는
것은 아닐까요? 우리는 학생들을 잠재적 일탈자로 보고 있지는 않은
가요?

　학생을 보는 시선의 차이가 반영된 두 나라 학교 문화의 차이는 학
교 건물의 구조에서 여실히 드러납니다. 북유럽의 학교들은 건물 구
조가 우리와 매우 다른 분위기를 풍깁니다. 이곳 학교들은 학교에 들
어서자마자 본관 건물이 바로 눈앞에 드러납니다. 운동장은 본관 건
물 뒤에 마련되어 있습니다. 반면에 우리 학교의 운동장들은 예외 없
이 교문과 본관 건물 사이에 있어서 내방객이든 학생들이든 이 넓은
'연병장'을 지나야지만 본관에 진입할 수 있습니다. 왜 이렇게 만든 것

일까요? 학부모가 자기 자녀를 만나러 학교에 갈 때 오뉴월 내리쬐는 태양 빛을 오래도록 맞아 가며 걸어가 겨우 학생을 접견할 수 있도록 만든 이유가 뭘까요?

저는 북유럽의 학교를 보기 전에는 학교는 모두 이렇게 지어야만 하는 것인 줄 알았습니다. 숲 속에 있을 때는 숲이 안 보이는 법, 이렇듯 다른 세상을 구경하니까 우리 학교의 풍속도가 보입니다.

야르벤파고등학교 건물 입구에 들어서면 벽면에 큰 그림 액자가 많이 붙어 있습니다. 동사무소처럼 계도용 환경 게시물이 붙어 있는 우리와 대조적입니다. 학교라기보다는 도서관 혹은 박물관에 들어선 기분입니다. 건물 모양이 원형으로 지어져 우리처럼 길게 쭉 뻗은 복도 따위는 볼 수 없습니다. 대학교가 아닌 고등학교도 이렇게 지을 수 있다는 것이 놀랍기만 했습니다. 우리의 학교는 건물 내부의 동쪽 끝에서 서쪽 끝까지 곧게 뻗어 있어서 학생의 일거수일투족을 훤히 들여다볼 수 있습니다만 이 나라의 교육자들은 학생들의 '동태 파악'에 관심이 없는 것일까요?

고교 시절 야간 자습 빼먹고 복도를 벗어날 때 가슴 졸이며 살금살금 기어가던 기억이 떠오릅니다. 점심시간에 교문 앞 문방구에서 파는 떡볶이가 정말 먹고 싶어서 학교 뒷담을 도둑고양이처럼 타 넘던 기억이 납니다. 발달단계상 너무도 자연스럽고 건강한 발상이었지만 그 시절 그런 행위는 일탈로 규정되었습니다. 우리는 죄의식 속에 그 모험을 감행해야만 했습니다. 우리의 건강한 쾌락을 충족하기 위해 선생님을 속여야만 하는 구조가 문제인 줄도 모르고 마음 한 켠에 죄의식을 키워 갔던 것입니다. 왜 우리 학생들은 이토록 인신을 구속당해야만 하는 것일까요? 학생이 일과 시간에 학교 밖을 나서는 것이 왜 쇼생크 탈출을 방불케 하는 모험이 되어야 하는 것일까요? 왜 학교는 창살 없는 감옥이어야 하는 것일까요?

손님맞이하듯 학생을 맞는 학교를 소망해 봅니다. 학교를 방문한 장학사를 맞이하듯 학생을 환대했으면 합니다. 사람이 온다는 것은 그의 삶이 오는 겁니다. 교사는 학생의 삶을 책임지는 사람입니다. 학교란 학생이 교사의 도움을 받아 자신의 삶을 경작해 가는 곳입니다. 학교는 학생을 감시하고 자유를 통제하는 곳이 아니라 학생의 자유를 길러 주고 그들이 지닌 가능성을 한껏 펼쳐 가도록 안내해 주는 곳이어야 합니다.

방문객

정현종

사람이 온다는 건
실은 어마어마한 일이다
그는
그의 과거와
현재와
그리고
그의 미래와 함께 오기 때문이다
한 사람의 일생이 오기 때문이다
부서지기 쉬운
그래서 부서지기도 했을
마음이 오는 것이다

그 갈피를
아마 바람은 더듬어 볼 수 있을 마음,
내 마음이 그런 바람을 흉내 낸다면
필경 환대가 될 것이다

자기충족예언

자기충족예언(self-fulfilling prophecy)은 사회학자 머튼(R. Merton)이 개발한 이론으로, 정상적이라면 이루어지기 힘든 어떤 일이 행위자의 강력한 믿음에 힘입어, 믿음과 행동 사이에 긍정적인 피드백이 일어나 마침내 그것이 실현되는 현상을 말합니다. "말이 씨가 된다"는 우리 속담이 이것과 관계 있습니다. 머튼 이후 사회심리학에서 자기충족예언은 여러 학자들에 의해 다양한 형태로 제기되었습니다. 권위 있는 의사의 말 한마디가 환자의 고민을 해소하여 병을 낫게 한다는 '플라세보 효과'가 대표적인 것이죠. 교육학 이론으로 자기충족예언은 1964년 저 유명한 오크 학교 실험 보고서인 《교실의 피그말리온》을 통해 교육계에 큰 반향을 일으켰습니다. 우리에게 '피그말리온 효과'로 알려진 이 이론은 교사의 기대에 따라 학생의 학업성적이 향상될 수 있음을 밝혔습니다. 아시다시피 이 이론의 원류는 그리스신화에 등장하는 피그말리온입니다.

〈마이 페어 레이디〉는 버나드 쇼(1856~1950)의 희곡 〈피그말리온〉을 각색한 뮤지컬 영화입니다. 영화 내용을 간략히 적어 보겠습니다.

영화의 막이 오르면 여주인공 일라이자가 런던의 한 극장 앞에서 꽃을 가득 담은 바구니를 들고서 연극이 끝나기를 기다립니다. 일라이자는 거리에서 꽃을 팔아 하루하루 먹고사는 가난한 아가씨입니다. 잠시 후 연극이 끝나자 그녀는 극장을 나서는 사람들의 옷깃을 붙잡고 꽃을 사 가라며 조릅니다. 그날은 비가 와서 사람들은 그녀의 호객 행위에 관심을 보이지 않고 자기 길을 바삐 갑니다. 영업이 신통치 않자 일라이자의 말과 행동은 점점 거칠어져 갑니다. 이러한 일라이자의 언행을 극장 기둥 뒤에서 유심히 관찰하는 남자가 있었는데, 이 사람은 영화의 남자 주인공으로서 탁월한 음성학 교수 히긴스입니다. 히긴스는 일라이자의 형편없는 영어 악센트를 몰래 메모하다가 들켜 일라이자와 실랑이를 벌이게 됩니다. 그 과정에서 히긴스가 일라이자를 향해 거친 독설을 퍼붓자 노신사가 일라이자를 방어하며 나섭니다. 피커링 대령이라 불리는 이 사람은 히긴스와 마찬가지로 언어학자입니다. 히긴스와 피커링은 몇 마디 대화를 주고받다가

예전에 어느 학회에서 만난 기억을 떠올리며, '천한 무리' 속에서 특별한 지적 역량을 가진 학자끼리의 우연한 재회를 기뻐하며 친분을 이어 갑니다.

피커링 대령은 히긴스 교수의 집에 머물면서 다음 날 아침을 맞이하는데, 이때 일라이자가 언어 교정 레슨을 받으러 히긴스를 찾아옵니다. 일라이자의 목적은 자신의 형편없는 악센트를 고쳐서 동네의 꽃집에 취직하려는 것이었습니다. 말 하자면, 거리의 아가씨에서 품위 있는 점원으로 신분 상승을 꾀하고자 하는 것 인데, 일라이자는 영어 발음이 너무 안 좋아서 예전에 꽃집에서 퇴짜를 맞은 트 라우마를 안고 있는 모양입니다. 그래서 딴에는 가장 세련된 옷을 입고서 비싼 수업료를 지불하려고 지갑에 돈도 든든히 준비해서 이 도도한 교수의 집을 방 문한 것입니다. 그러나 일라이자가 생각한 수업료는 히긴스 교수의 네임 밸류에 근접한 수준일 수가 없어서, 그녀가 실망감을 안고 돌아가려는 순간 피커링 대 령이 자신이 그 수업료를 대겠다며 히긴스에게 한 가지 내기를 제안합니다. 그 것은 두 사람이 일라이자를 매개로 처음 만났을 때 히긴스가 한 말, 즉 "저 형편 없는 아가씨를 자신이 맡아 가르친다면 상류사회의 사교 무대에 멋진 숙녀로 데 뷔시켜 줄 수 있다"는 호언장담을 실행할 수 있는가 하는 것입니다.

일라이자는 히긴스 교수의 집에 머물며 그가 고안한 과학적인 음성학 훈련과 상류사회의 매너를 배워 머리끝부터 발끝까지 완벽한 숙녀로 거듭나게 됩니다. (일라이자 역을 맡은 배우는 아름다운 용모 못잖게 아름다운 삶으로도 유명한 오륙십 년대 최고의 여배우 오드리 헵번입니다.) 우리의 주인공 일라이자는 왕 후와 같은 모습으로 국제 외교관 사교 무대에 등장하여 뭇 귀족들의 시선을 한 몸에 사며 상류사회에서 화려한 데뷔를 합니다. 무도회에서 영국 황태자의 요청으로 함께 우아한 왈츠를 추는 장면에서 '피그말리온 효과'는 절정에 달합니다. 다음 장면은 히긴스 교수의 집. 히긴스는 피커링 대령을 비롯하여 시중들로부터 찬사를 받으며 자신의 실험이 대성공을 거둔 기쁨에 도취되어 있습니다. 그러나 이와 대조적으로 일라이자는 자신의 방에서 슬픔에 젖어 있습니다. 무도회에서 귀족들의 시기와 부러움을 받으며 헝가리 공주로 추측되기도 했지만, 히긴스의 프로젝트가 끝난 시점에서 내일부터 거리의 여자로 돌아가야 하는 자신의 신세가 처량했던 것입니다. 그리고 처음부터 끝까지 자신을 오로지 실험 대상으로만 취급했던 히긴스를 향한 사무친 원망을 터뜨린 후 일라이자는 짐을 싸서 히긴스의 집을 나섭니다. 문 밖에선 무도회에서 만난 프레디라는 청년이 그녀를 기다리고 있습니다. 프레디는 일라이자의 사랑의 포로가 되어 오매불망 그녀를 따라다니며 구애를 합니다.

히긴스의 집을 나선 일라이자가 프레디와 함께 택시를 타고 간 장소는 꽃 파는 아가씨로서 자신이 생활하던 하층민의 마을입니다. 어두컴컴한 새벽녘, 도매로 꽃을 파는 상인에게 다가갔을 때 그들은 일라이자의 얼굴을 보고 아는 체를 하려다가 귀족스러운 풍모에 이내 판단을 고쳐 '사람을 잘못 봤다'며 사과의 말을 건넵니다. 한편 일라이자의 술주정뱅이 아버지는 히긴스의 도움을 받아 한 부자로부터 엄청난 유산을 물려받아 신분 상승을 이루었습니다. 그는 일라이자와의 마주침이 달갑지 않은 듯 "앞으로는 자신을 찾지 말라"는 말을 합니다. 일라이자가 히긴스의 집에서 쫓겨나 다시 거리에서 꽃 파는 아가씨로 돌아온 것으로 생각했던 것이지요. 한때 일라이자를 등쳐서 술값을 뜯던 사람이 양지에서 음지로 돌아온 자기 자식을 외면하는 것입니다. 일라이자는 술주정뱅이 아버지가 상승된 신분에 걸맞은 사회적 페르소나를 수행하기 위해 교회에도 나간다는 말을 듣고 놀랍니다. 아버지가 상류사회의 행동 양식이 불편하다며 불평을 늘어놓자 일라이자가 "그럼 돈을 돌려주면 안 되냐"고 하자, 그는 다음과 같은 의미심장한 말을 던집니다. "우리 모두는 길들여져 있다."

이어지는 장면은 히긴스 교수의 집에서 피커링 대령이 경찰에 전화를 걸어 행방불명된 일라이자를 찾아 달라는 부탁을 하는 모습입니다. 무도회에서 대성공을 거둔 히긴스는 그 기쁨이 채 가시기도 전에 일라이자의 부재로 인한 스트레스 혹은 근심을 안게 된 것입니다. 여성 혐오주의자인 그는 연신 "여성들은 왜 남성처럼 협조적이지 않냐"며 불평 섞인 노래를 불러 댑니다.

일라이자는 히긴스 교수의 어머니 집에 와 있습니다. 부인은 일라이자를 따뜻하게 맞이하며 차를 대접합니다. (귀족 마님이 천한 아가씨를 자기 집에 들여 차를 대접하는 것은 파격적인 상황입니다. 남녀가 평등한 사회를 꿈꾸는 사회주의자였던 버나드 쇼였기에 가능한 설정이라 생각해 봅니다. 쇼의 작품에서 남성들은 대부분 한심한 인물인 반면 여성들은 품위 있게 그려집니다.) 잠시 뒤 히긴스가 등장하는데, 일라이자가 있는 것을 보며 내심 기뻤겠지만 여전히 가부장적 권위주의를 발동하며 그녀를 몰아붙입니다. 이에 부인은 히긴스의 말버릇이 고약하다며 비판합니다. 계속해서 일라이자를 향해 "아가씨는 어떻게 이 무례한 인간으로부터 그렇게 반듯한 예의범절을 배웠냐?"는 질문을 합니다. 이 질문에 대한 일라이자의 대답이 이 영화에서 가장 중요한 부분입니다. 버나드 쇼는 이 멋진 대사를 통해 '자기충족예언'의 정수를 설명하고 있습니다.

> 아주 힘들었어요. 피커링 대령님이 없었더라면 제가 신사와 숙녀가 지녀야 할 예의범절을 몰랐을 거예요. (이때, 히긴스 교수가 놀란 표정으로 일라이자를 쳐다봅니다.) 저는 대령님께서 저를 꽃 파는 여자아이 이상으로 생각하신다는 것을 느낄 수 있었어요…… 숙녀와 꽃 파는 아이의 차이는 그녀가 어떻게 처신하느냐가 아닌 그녀가 어떻게 대접받는가에 달려 있는 거예요. 히긴스 교수님에게 저는 언제나 꽃 파는 여자아이에 지나지 않을 겁니다. 그분은 늘 저를 꽃 파는 아이로 대해 왔고 또 앞으로 그러할 것이기 때문이죠. 하지만 피커링 대령님께 저는 항상 숙녀가 될 겁니다. 대령님께선 늘 저를 숙녀로 대해 왔고 또 앞으로도 그러할 것이기 때문이에요.

케 세라 세라

Y초등학교에서 5·6학년 영어 전담을 맡고 있을 때의 일입니다.

여름방학을 앞둔 어느 날 오후였습니다. 날씨가 더워서인지 수업 시간에 조는 아이가 있었습니다. 옆 친구가 내 눈치를 보며 짝꿍을 막 깨우려 하기에, "그냥 놔둬라. 잠 오면 자야지." 했습니다. 이 파격적인 배려에 아이들이 맞장구를 치면서 몇몇은 수업 시간에 졸다가 혼난 기억들을 늘어놓기 시작하였습니다. 놀라운 것은 학원에서 졸다가 맞은 아이들이 많다는 것입니다.

초등학생을 6교시까지 학교에서 수업을 받게 하는 것도 다른 나라에서는 보기 드문데, 그것도 부족해 절대다수의 아이들은 방과 후에 학원 수업까지 받습니다. 제 돈 들여 공부 배우러 가서 졸았다고 두들겨 맞으니, 때리는 학원 교육 관계자나 또 그것을 당연한 것으로 수용하는 학부모들이나 모두들 참 이상합니다. 더욱 기가 막히는 것은 그런 학원일수록 학부모들이 못 보내서 안달이라는 겁니다.

이렇듯 교육에 관한 한 우리는 참으로 비정상적인 사회에 살고 있습니다. 학생의 인격을 마구 짓밟는 곳에서 교육이 어떤 식으로 이루어질지 뻔합니다. 여기서는 교육이 아닌 조련이, 교사와 학생 간의 인간적 만남이 아닌 상거래 행위가 있을 뿐입니다. 학습은 학생의 지적 호기심을 자극하고 발견의 쾌감을 얻게 하는 방식보다는 오직 '드릴'로 일관할 것입니다.

교육기관이라 할 수도 없는 이런 곳에 보내는 부모의 마음이 어떤지는 몰라도 학생의 입장에서는 두들겨 맞아 가면서 억지로 배우는 공부가 즐거울 리 없겠죠. 초등학생들이 학교에서 학원으로 이어지는 숨 가쁜 일과를 제대로 소화하지 못하는 것은 너무나 당연해서, 정상적인 아이라면 당연히 지루함을 느끼고 한눈을 판다거나 한두 번 학원 숙제를 빼먹기가 일쑤일 것입니다. 그러나 정상적인 아이는 이 이상한 교육 시스템에서 낙오자가 되고 여기서 살아남는 아이와 학부모는 어떤 자긍심을 가질 것입니다. 요컨대, 전자에게는 무능함의 낙인이, 후자에게는 미래의 성공을 보증하는 첫 번째 '좁은 문'을 통과했다는 보상 심리가 주어질 겁니다. 바로 이러한 속성에 따라 많이 때릴수록 학부모들이 더 선호하는 광기의 메커니즘이 고착화되어 가는 것입니다.

중간고사와 기말고사를 1년에 4회씩 치르면서 헉헉대고 또 시험 못 쳤다고 울상인 아이들을 보면서 우리 아이들의 신세가 경주마와 같다는 생각을 품습니다. 말의 자발적인 의지와 필요에 따라서가 아니라 외적 강제에 의해 뜻도 영문도 모르고 목표를 향해 죽도록 달려가야 하는 점에서 그러합니다.

말의 본질은 야성野性에 있습니다. 말은 들판을 자유롭게 노닐기 위해 태어났지 경주용으로 태어나지 않았습니다. 그러나 경주용으로 전락하면서 말의 본성에 충실한 자발적 성장은 멈추어 버립니다. 트랙

안에서 달리기만 잘하는 것은 발전이라 할 수 없습니다. 오히려 그것은 퇴행이라 일컬어야 합니다. 놀이터와 놀이 시간을 빼앗긴 어린아이는 야성이 거세된 말과 조금도 다르지 않습니다. 학교 공부 마칠 무렵 교문 앞에서 아이들 실어 가기 위해 기다리는 노란색 봉고 차를 보면서, '저게 닭장차와 뭐가 다른가?' 생각합니다.

우리 아이들이 공부를 즐겁게 했으면 합니다. 그리고 평생 공부하는 사람이 되길 바랍니다. 그러기 위해서는 학창 시절에 공부를 억지로 많이 하면 안 됩니다. 제가 아는 30대 초반의 어떤 분은 학창 시절 공부를 열심히 해서 현재 공무원이 되어 있는데, 공부에 대한 끔찍한 추억을 갖고 있습니다. 지금도 가끔 꿈에서 열심히 공부하는 악몽을 꾼다 합니다. 얼마나 공부가 힘들었으면 그럴까요?

이분과 달리 저는 학창 시절에 공부를 그리 열심히 한 기억이 없습니다. 대학 시절에도 농땡이를 많이 피웠습니다. 부끄러운 일입니다. 그러나 역설적으로 저는 대학을 졸업하자마자 책을 가까이 하며 '열공' 해 왔고 그 향학열은 지금까지 이어지고 있습니다. 이게 요즘 현장에서 강조하는 자기 주도적 학습인데, 솔직히 우리가 학창 시절에 배운 무엇은 기억에 남는 것이 잘 없지만 스스로의 필요에 따라 공부한 것은 우리의 지적 성장에 중요한 자양분으로 축적되어 있지 않습니까?

교사인 우리가 독서를 통해 우리가 몰랐던 무엇을 깨달아 가면서 지적 희열을 느끼듯이, 우리 학생들도 그렇게 공부를 즐기기를 바랍니다. 인간은 본래 '공부하는 인간homo academicus'입니다.

"배우고 때로 익히면 즐겁지 아니한가?" 하신 공자님 말씀은 결코 창백한 이상주의를 설파하는 것이 아닙니다. 교육이 할 일은 아이들의 이 생래적 지적 호기심을 식지 않게 하는 것입니다. 그러자면, 한창 뛰어놀아야 할 나이에 공부를 억지로 많이 시켜서는 안 됩니다. 공부는 그 자체가 목적이어야 하지 어떤 쓸모를 위한 수단이 되어서는 안 됩니다. 배움 그 자체를 즐기며 자기 페이스에 맞춰 꾸준히 해갈 때 공부 스트레스도 사라지고 또 학업성적도 향상됩니다. 그 결과가 좋은 대학 좋은 직장으로 이어지지 않더라도 절망하거나 자기 비하할 필요 없습니다. 배움을 통해 얻은 지적 성장은 우리가 언제 어디서 어떤 모습으로 있든 우리 행복에 소중한 밑거름으로 자리할 것이기 때문입니다.

교사이기 전에 저도 아이를 키우는 학부모입니다. 이 사회의 학부모라면 누구나 아이 공부에 관심을 가질 것이며 그 결과에 욕심을 낼 일입니다. 그러나 우리 아이들을 경주마로 키우지는 말자는 제안을 드리고 싶습니다. 우리 학부모들이 교육에 관한 한, 제정신이 아닌 사회에 우리가 살고 있다는 것을 직시했으면 합니다. 그럴 때 결론은 자명해집니다. 학부모가 돼서 같이 미쳐 갈 수는 없습니다. 그 광기의 생존경쟁 대열에 미친 척하고 뛰어든다고 해서 반드시 그 인내의 결과로 달콤한 열매를 얻는다는 보장도 없습니다. 설령, 그 달콤한 열매를 취한다 하더라도 그것이 과연 인간다운 삶의 행복을 의미할까요?

케 세라 세라!

1950년대 도리스 데이Doris Day의 유명한 노래 제목 〈케 세라 세라 Que sera, sera, What will be, will be〉가 자녀 교육에 관해 당위적으로나 현실적으로도 유일무이한 해결책이라고 생각합니다.

'Que sera, sera'는 '될 대로 되겠지'라는 뜻이지만, 자유방임형 정책은 결코 아닙니다. 내가 생각하는 케 세라 세라는 학교교육이라는 국지적 영역에 대한 대안이라기보다는 전면적인 대안으로서 삶의 패러다임입니다. 특히 천민자본주의 한국 사회에 만연한 생존경쟁의 패러다임에 비해 케 세라 세라 패러다임은 노자의 무위자연 사상과도 일맥상통하는 깊은 뜻이 담겨 있습니다. 즉, 세상일은 아등바등한다고 해서 안 될 일이 되거나 반대로 될 일이 안 되는 것은 아니니, 자기 일에 최선을 다하되 물 흘러가듯 삶을 자연의 섭리에 맡기라는 것입니다.

도리스 데이의 〈케 세라 세라〉는 가벼운 왈츠풍의 노래지만 발랄한 노랫말의 이면에는 이렇듯 심오한 뜻을 담고 있습니다. 이 노래를 들을 때마다 내가 아는 한 중등 윤리 교사가 생각납니다. 그 선생님은 이 노래를 들으면 가슴이 벅차오르고 눈물이 쏟아진다고 합니다. 생각이 짧았던 내가 그 영문을 궁금해하자, 미래의 행복을 위한답시고 입시 지옥에 현재를 저당 잡힌 아이들의 삶이 너무 측은해서라고 합니다. 아이들을 생각하며 눈물까지는 흘려 본 적이 없는 초등 교사인 제가 그때 참 부끄러워졌던 기억이 있습니다.

웹사이트에서 우리말로 '케 세라 세라'의 뜻을 검색하면 '될 대로 돼라'로 소개하고 있는데, 이는 약간 그릇된 정보입니다. 영문판 위키피디아에서는 '케 세라 세라'가 라틴 계열의 언어(스페인어, 이태리어)에서 그 유래를 찾을 수 있다고 하는데, 언어사적으로 이 말은 16세기 이후부터 귀족 집안의 가훈이나 묘비명에서 어떤 계시적 의미로 드물게 사용된 흔적이 발견될 뿐, 문법적으로도 오류가 있는 표현이라고 합니다. 이 말은 도리스 데이의 노래로 세상에 널리 알려지기 시작했는데, 이 노래의 작사자가 영어로 "What will be will be"로 옮김으로써 현재 우리가 아는 '케 세라 세라'가 되었습니다. 이 문맥에서 'what'은 의문사가 아닌 관계대명사로 쓰여 "무엇이든 될 것이 될 거야"로 풀이됩니다. 따라서 '될 대로 되겠지'라면 몰라도 '될 대로 돼라'는 오역입니다.

내 어렸을 적 어머니에게 이다음에 내가 뭐가 될까 물었지.

미인이 될 수 있을까? 부자가 될 수 있을까?

케 세라 세라. 뭐든 될 것으로 되어 있을 거야.

미래는 알 수 없는 것이란다.

고등학교 동창회 같은 곳에 가 보면 학창 시절에 '쟤가 인간 되겠나?' 싶었던 아이들이 뜻밖의 모습으로 나타나 친구들을 놀라게 하는 경우를 왕왕 보게 됩니다. 또한 공부를 못해서 예상대로 자동차 정비 따위의 일을 하는 친구의 경우도 밝은 얼굴에서 나름 행복한 삶을 살고 있음을 짐작케 하기도 합니다. 반면, 무슨 법대나 의대를 나와 변호사나 개인 병원을 개업했다는 친구들의 경우는 비싼 차를 몰고 다님에도 늘 돈 걱정이나 하는 모습만을 보여 줍니다. 이들 입에서 나오는 이야기는 돈 자랑 아니면 돈 걱정뿐입니다. 행복은 성적순이 아닐뿐더러 자산순도 아닌가 봅니다.

지금 공부를 잘하든 못하든, 미래에 우리 아이들은 저마다 어떤 모습으로든 자기 나름의 삶을 살아갈 겁니다. 아이의 미래를 위한답시고 아이의 현재를 속박해서는 안 됩니다. 현재 행복한 아이가 미래에도 행복한 삶을 살 수 있습니다. 영화 〈죽은 시인의 사회〉에서 키팅 선생이 말하듯, 현재를 즐기게 합시다. 카르페 디엠! Carpe diem!

Que sera, sera. What will be will be!

어떤 이별

    학교 실내 청소를 담당하시던 아주머니가 계셨습니다. 제게는 아주머니지만 칠십이 넘은 분으로 아이들에게는 할머니이신 분이죠. 오래도록 학교를 깨끗이 가꿔 주시던 이분이 집안 사정으로 학교를 떠나게 되셨습니다.

    그간 우리 학교 가족들과 정이 참 많이 들었던 분입니다. 수업 시간에 아이들에게 청소 할머니께서 다음 주부터 못 나오신다며 그분의 딱한 사정을 살짝 들려줬더니 아이들의 얼굴에 서운한 표정이 역력합니다. 큰 학교와 달리 지금 내가 근무하는 이곳 작은 학교의 아이들은 사람과의 이별을 낯설어하는 편입니다. 할머니와의 이별이 못내 아쉬워 아이들은 할머니에게 드리는 편지를 쓰기로 했습니다. 커다란 종이에 롤링페이퍼로 전교생이 한마디씩 적는 형식입니다. 현관문에 붙여 놓고 6학년 언니들도 1학년 동생들도 모두 동참해서 저런 멋진 작품이 만들어졌습니다.

다음 날 이른 아침에 차를 주차하고 현관으로 향하는데 먼발치에서 보니 어르신께서 이 대자보 앞에 오래도록 서 계시다가 제 발소리를 듣고 현관으로 들어가시는 모습이 눈에 들어왔습니다. 아이들이 깨알같이 써 놓은 글을 열심히 읽으셨을 것입니다. 아이들 말로, 할머니께서 당신 집 벽에 오래도록 붙여 놓고 읽으시겠다고 하셨다 합니다.

생각건대, 어르신은 태어나서 이렇게 많은 사람들로부터 관심과 애정을 받아 본 적이 없을지도 모릅니다. 우리 아이들이 몹시 예쁘고 고마울 것입니다. 그래서 더욱 이 이별을 애달파하실지도 모르나, 그만큼 당신께서 이곳에서 대접받을 만큼 삶을 잘 사셨다는 징표로 간직하며 마음 한편에 가슴 뿌듯함을 느끼시기 바랍니다. 아마도 이 롤링페이퍼는 당신의 삶에 처음이자 마지막으로 받는 최고의 표창장일 것입니다.

공립학교에서는 교사도 아이들도 이별에 너무 익숙해져 있습니다. 졸업식과 종업식을 통해 그간에 정든 동료 또는 친구들을 보내고 새로운 식구들을 맞이하는 일련의 과정들에 익숙해져 가는 모습들을 보면서, 우리 삶 속에 '이별의 습관화'가 자리하고 있지 않나 생각합니다. 그런 면에서 정든 사람과 쉽게 이별을 못 하는 우리 아이들이 참으로 기특하고 대견스럽습니다.

학생들에게 기억되지 않는 교사

어릴 때부터 음악을 남달리 좋아했더랬습니다. 대학 시절 록 음악에 막 흥미를 느껴 갈 때쯤 한 그룹의 음악에 푹 빠졌던 기억이 있습니다. 록 음악 하면 보통 굉음을 연상할 만큼 시끄럽고 듣기 부담스러운 것이 사실이죠. 하지만 이 그룹의 음악은 장르상 서던 록southern rock에 속하기 때문에 록 음악에 적응이 돼 있지 않은 사람들도 무난하게 들을 수 있습니다. 교육에 관한 담론을 닫으면서 뜬금없이 록 그룹 이야기를 하는 까닭은 이 그룹에 얽힌 이야기가 지금 이 글의 주제와 맞닿아 있기 때문입니다.

이 그룹의 멤버들이 다녔던 고등학교에 레너드 스키너Leonard Skinner라는 이름의 체육 교사가 있었습니다. 당시 학교에서 학생 생활지도를 맡고 있던 이 교사는 머리가 긴 학생들을 못 보아 넘겼는데, 장발 단속의 단골 희생자들이 이 그룹의 중심 멤버들이었습니다. 그룹의 기타리스트 개리 로싱턴 Gary Rossington은 교사 스키너의 집요한 단속과 압박에 못 이겨 결국 학교를 중퇴하게 됩니다. 나중에 그룹이 유명세를 타기 시작하면서 멤버들은 독창적인 이름으로 그룹명을 바꾸고자 했는데, 고교 시절 자신들에게 악몽과도 같았던 그 지긋지긋한 체육 교사의 이름을 미국 남부 사투리식 발음으로 살짝 비틀어 짓기로 했습니다. 훗날 〈Simple Man〉, 〈Tuesday's gone〉, 〈Free Bird〉 등의 아름다운 곡들로 록 음악의 전성기인 1970년대를 풍미한 록 그룹의 이름 레너드 스키너드Lynyrd Skynyrd는 이렇게 탄생하였습니다.

교사 레너드 스키너는 우리 교육자들에게 반면교사로서 어떤 가르침을 선사해 줍니다. 그것은 우리가 학생들에게 기억에 남지 않는 교사가 될 필요가 있다는 것입니다. 사람들은 학창 시절의 교사에 관해 상반된 두 기억을 품고 있습니다. 하나는 존경의 대상으로서의 스승이고, 다른 하나는 레너드 스키너드 멤버들에게처럼 불편한 추억의 실체일 것입니다. 개인의 경험치에 따라 다르겠지만, 보통 후자의 경우가 더 많을 것으로 저는 봅니다. 전자의 경우도 마음에서 우러나오기보다는 사회적으로 강제된 학습의 결과로서 허위의식의 발로인 경우가 많을 겁니다. 이를테면 우리는 은혜 입은 스승이란 의미로서 '은사恩師'라는 용어를 너무 남발하는 경향이 있죠. 하지만 이런 허구적 윤리 의식을 떠나 우리 내면 깊숙한 곳에 있는 교사에 대한 기억은 대개 부정적인 것일 가능성이 높습니다. 그것은 우리 사회에 좋은 교사보다 나쁜 교사가 더 많아서가 아니라, 무릇 기억이라는 것이 좋은 것보다 나쁜 것을 더 잘 품기 때문입니다. 인간의 뇌는 긍정적인 것보다 부정적인 것에 5배나 더 강하게 반응한답니다. 따라서 과학적으로도 우리 교사들은 학생들에게 좋은 교사로서보다 안 좋은 교사로 기억될 가능성이 많은 운명이라 하겠습니다.

교사인 제게도 기억에 남는 선생님이 있습니다. 좋은 기억으로 자리해 계신 분들도 있지만 그 기억은 그리 강렬하지 않습니다. 반면, 초등학교 시절한 선생님은 끔찍한 기억을 안겨다 주셔서 지금까지도 그 선생님이 제게 한말이나 행동이 또렷이 생각날 정도입니다. 그런데 공교롭게도 제가 현장에발령받아서 그 선생님을 뵐 기회가 있었습니다.

첫 발령을 받은 해에 신규 교사를 대상으로 교육청 주관 연수회가 있었습니다. 청운의 꿈을 품고 스승의 길에 들어선 신규 교사들을 대상으로 한 선배 교사가 멘토로 초대되어 우리 앞에서 덕담을 전하기 위해 단상에 서는데, 저는 제 눈을 의심했습니다. 아무리 세월이 흘러도 그분의 얼굴과 음성을 잊을 수가 없었습니다. 제가 가장 기억하고 싶지 않은 선생님이 제 앞에서 "학생들에게 기억에 남는 교사가 돼라"는 주문을 하시니, 아이러니도 이런 아이러니가 없는 것이지요. 그날 연수 내내 저는 마치고 그 선생님께 인사를 드려야 하나 말아야 하나 갈등을 했습니다. 같은 교직에 몸담게 된 제자로서 인사를 드리는 게 마땅한 도리겠으나 그러기에는 제 정서가 너무 혼란스러웠습니다. 결국 모른 체했습니다. 대신 그분을 용서하기로, 아니 이해하기로 했습니다. 제가 선생님을 이해할 수 있었던 것은 그날 그 자리에서 나 또한 나의 학생들에게 기억될 수 있는 존재라는 각성이 찾아들었기 때문입니다.

어느덧 세월이 흘러 지금 제가 그날 교육청 연수회에서 뵐 때의 그 선생님과 비슷한 나이가 됐습니다. 지금 이 글을 쓰면서 혹 저와 인연을 맺었던 학생들 가운데 제게 안 좋은 기억을 품고 있는 이는 없는지 생각하면 어떤 두려움이 엄습합니다. 우리 교사들은 흔히 학생들에게 기억에 남는 스승이 되고자 합니다. 그러나 저는 후배 선생님들의 소박한 멘토를 자임하면서 쓴 이 책을 닫는 마당에서, 학생들의 기억에 남지 않는 교사가 되기를 제안하고자 합니다. 우리가 학생들에게 거창한 사표師表가 되기보다는 레너드 스키너와 같은 인물로 기억되지만 않아도 좋을 것입니다.

학생들에게 기억되지 말자고 해서, 루소 식의 소극적 교육을 펼치자거나 학생에게 별 존재감이 없는 평범한 교사가 되자는 뜻이 아닙니다. 또한 자신의 교육적 소신을 저버리고 그저 아이들의 선호와 인기에 영합하는 포퓰리스트가 되자는 뜻도 아닙니다. 국회의원이 정치하듯이 교육을 해서는 안 됩니다. 그런 교사는 차라리 레너드 스키너 같은 교사만 못하리라 생각합니다. 우리가 학생들에게 좋은 스승으로 기억되기 어려운 이유는 우리의 신념에 충실하다 보면 어쩔 수 없이 학생들과 충돌을 빚기 마련이기 때문입니다. 학생과 부딪히기 싫어서 자신의 신념을 내려놓는 사람은 교육자가 아닙니다. 문제는, 우리가 소중히 품는 교육적 가치를 관철시키기 위해 학생을 꺾어 버리는 과정에서 이 글에서 말하는 불편한 기억이 생산되는 것입니다.

물론, 이런저런 원칙을 고수하면서 우리의 교육 신조를 실천하는 과정에서 생겨나는 그런 불편은 제가 어릴 때 겪은 트라우마와는 결이 다르다고 말할 수 있습니다. 하지만 그때와 지금은 시대가 다릅니다. 예전에 비해 아이들이 교사로부터 상처받는 발화점이 낮아졌다고나 할까요. 의외로 아이들은 우리가 생각지도 못한 지점에서 사소한 문제를 크게 생각합니다. 이는 다시 말해 우리의 작은 마음 씀씀이로 쉽사리 상처의 봉합을 꾀할 수 있다는 뜻이기도 합니다. 결론은, 교사의 세심한 배려라 하겠습니다. 학급이라는 사회적 관계망 속에서 교사 시야의 사각지대에 있는 어린 영혼에 대한 작은 관심을 놓치지 않으면 학생들에게 기억되지 않는 교사, 아니 학생들에게 오래도록 기억되는 교사가 될 수 있을 겁니다.

여러분의 건승을 빕니다!